좋아서 읽습니다, 그림책

좋아서 읽습니다, 그림책

어른을 위한
그림책
에세이

이현아 김다혜 김미주
김설아 김여진 김지민
우서희 이한샘 조시온

프롤로그

그림책에서
잃어버린 마음 조각을 찾다

습관처럼 어제와 같은 오늘을 살아내다 거울 속의 나와 눈이 마주친 어느 아침, '나답게 잘 살고 있는 걸까?' 스스로 던진 질문에 아무런 대답을 할 수 없어 이불 속을 뒤척이는 어느 밤, 문득 속이 텅 빈 것처럼 마음의 허기를 느낄 때가 있다. 어른의 삶은 대체로 팍팍하다. 결과를 여전히 중시하는 한국 사회에서 다 큰 어른으로 살아가다 보면 마음은 쉽게 수분을 잃고 딱딱하게 굳는다.

일상 곳곳에서 나를 누르는 압박에 시달리면서 세상의 기준에 맞춰 어른 노릇을 해나가는 사이, 마음 깊숙한 곳에서는 누수가 생기기 시작한다. 점점 크게 벌어지는 틈새 사이로 삶을 지탱하던 견고한 가치들이 뚝뚝 흘러 나간다. 사랑, 꿈, 나눔, 배려와 같은 내면의 가치가 바깥으로 흘러 나가버린 어른의 삶은 무미건조하고 버석거린다. 메말라버린 마음자리는 바닥이 드러난 연못처럼 황폐하다.

작은 일에도 쉽게 감동하고 매사에 의욕적이라는 이야기를 듣는 편인 나에게도 그런 시기가 있었다. 직장 생활의 사춘기를 경험한다는 3년차 무렵이었을 때다. 평소와 다름없이 출근 준비를 하고 학교로 가던 어느 날이었다. 답답한 마음이 들 때마다 멍하니 하늘을 올려다보는 게 습관이 되었던 그즈음, 그날따라 학교에 갈 생각을 하니 가슴이 조여오고 숨이 자꾸만 가빠졌다. 아이들과 진정한 소통을 나누는 교사가 되겠다던 다짐이 무색하게, 어느새 나는 표정에 생기를 잃어가고 있었다.

아이들과 눈을 마주치는 시간보다 행정 업무를 위해 서류 더미를 쳐다보는 시간이 길어질수록, 교실에서 아이들에게 "조용히 해", "뛰지 마" 하며 잔소리하는 날들이 쌓여갈수록 나는 점점 지쳐갔다. '이게 정말 내가 원하던 삶일까?' 내 인생이 도무지 내 것 같지 않았다. 그럴 때마다 학교 도서관에서 책을 펼친 채 겨우 숨 쉴 구멍을 찾아 가쁜 숨을 몰아쉬었다. 하지만 그것도 일시적인 도피였을 뿐, 근본적인 해결은 될 수 없었다.

**잃어버린 마음을 찾다가
마음 맞는 사람들과 만나다**

그림책 《마음여행》(김유강 글·그림, 오월, 2020)에는 그 시절의 나처럼 마음에 구멍이 뻥 뚫린 주인공이 등장한다. 그림책은 아침 풍경으로 짐작되는 장면으로 시작한다. 거리에는 가방을 메거나, 서류 가방을 든 사람들이 줄지어 걸어가고, 그 뒤로는 사람들을 가득 태운 만원 버스가 보인다. 사람들은 각자 스마트폰을 보거나 무표정한 얼굴로 자기 갈 길을 간다. 와중에 우리의 주인공은 고개를 들어 하늘을 쳐다본다. 그의 시선이 닿은 곳을 따라가니 노란색 풍선이 하늘 높이 둥실 떠서 날아가고 있다. 이윽고 페이지를 넘기면 주인공의 가슴팍에서 동그란 조각 하나가 뚝 떨어져 데굴데굴 굴러간다.

자, 그렇다면 주인공은 어떻게 했을까? 《마음여행》의 주인공은 몇 날 며칠을 전전긍긍하다가 잃어버린 마음을 찾아 나선다. 이대로는 안 되겠다고, 마음을 찾아 나서겠다고 선언하는 주인공의 모습이 비장하고 씩씩하다. 나 역시 《마음여행》의 주인공처럼 달아나버린 마음을 찾으려고 무진 애를 썼다. 나를 좀먹는 무기력에서 벗어나기 위해 내가 찾은 방법은 '좋아서 하는' 일에 집중하는 것이었다.

그 시절 내가 관심을 쏟은 대상은 그림책이었다. 나는 그림책의 그림이 주는 시각적 포만감에 숨이 멎고, 언어의 아름다움에 매료되었다. 그림책을 읽으면서 나는 작고 조용한 대상을 사려 깊게 바라보는 태도와 마음 깊숙이 감격할 줄 아는 능력을 조금씩 회복해나갔다. 짧지만 완결성 있는 서사와 아름다운 그림으로 이루어진 그림책은 교실에서 아이들과 소통의 물꼬를 트는 데도 더할 나위 없이 좋은 매개가 되어주었다. 그렇게 아이들과 함께 그림책을 읽다가, 감상을 넘어서 있는 그대로의 '나'를 드러내고 표현할 기회를 주면 좋겠다고 생각했다. '아이들이 한 명의 창작자로서 자기만의 언어로 그림책을 만들어보면 어떨까?' 2015년부터 이어 온 '교실 속 그림책 창작 프로젝트'의 시작이었다.

  그렇게 교실 속 그림책 창작 프로젝트를 시작한 지 햇수로 2년이 훌쩍 넘어가던 무렵, 문득 교실이 하나의 섬처럼 느껴지는 순간이 찾아왔다. 아이들과 함께 그림책을 감상하고 창작하는 기쁨이 컸지만, 그 활동이 교실이라는 한정된 공간 안에서 이루어지고 끝나는 것은 아닌가 하는 목마름이 생겼다. 나는 시선을 교실 밖으로도 돌리기 시작했다. 교실에서 느꼈던 갈증을 해갈하고 사고의 지평을 넓히기 위해 마음 맞는 사람들과 깊숙하게 연결되길 바랐다. 그동안 내가 좋아하는 것을 나 홀로 교실에서 아이들과 나누었다면, 이제는 한 걸음 나아가 다양한 사람들과 상호작용 하고 연대하면서 더 넓고 깊게 세상으로 흘려보내고 싶었다. 질문에 답이 내려졌으니, 다시 또 행동할 차례였다. 나는 '그림책'과 '창작'이라는 두 가지 방향성을 가지고, 그림책을 통한 자기 발견을 집중적으로 연구하는 취향의 공동체를 만들었다. 내가 '좋아서하는그림책연구회'를 시작하게 된 배경이다.

좋은 교사를 넘어서
좋은 어른으로 살아가고자 하는 다짐들

'좋아서하는그림책연구회'의 운영진들이 공통적으로 하는 말이 하나 있다. "홀로 우물을 파다가 강물을 만난 느낌이에요." 같은 마음으로 모인 운영진들은 나처럼 저마다의 삶에서 마음의 빈틈을 발견하고 잃어버린 마음 조각을 찾고자 학교 안팎을 뛰어다니던 아홉 명의 교사들이었다. 우리는 매주 목요일마다 퇴근길에 만나 서로 머리와 무릎을 맞대고 둥그렇게 모여 앉았다. 그림책을 매개로 나와 세상을 탐구하면서 끊임없이 대화하고 열띤 토론을 벌였다. 삶의 화두를 붙잡고 통찰하는 과정을 통해서 우리는 명민한 일상을 회복해나갔다. 그렇게 허전하게 비어 있던 마음자리에 잃어버린 마음 조각을 찾아 끼울 수 있었다.

그뿐만이 아니었다. 잃어버린 마음 조각을 찾아 가슴에 꼭 끼워 넣은 것만으로도 즐거웠는데, 그보다 더 충만한 기쁨이 기다리고 있었다. 그림책을 통해 자기 내면을 들여다보면서 읽고 쓰는 시간이 쌓이자 우리의 마음자리 자체가 넓어졌다. 더 많은 사람들의 목소리를 들을 수 있을 만큼 넉넉한 공간이 생긴 것이다. 어느새 우리의 화두는 각자의 내면을 보듬는 것에서 나아가 타인과 세상을 향해 확장되었다. 단단하게 다져진 그 자리에 우리가 나눈 다양한 질문들이 씨앗처럼 뿌려졌고, 이내 싹을 틔우기 시작했다.

《좋아서 읽습니다, 그림책》은 '좋아서하는그림책연구회'의 운영진들이 매주 모여서 그림책과 삶에 대해 나눈 이야기들을 한 편의 글로 꾹꾹 눌러 쓴 에세이다. '좋아서하는그림책연구회'를 운영하면서 우리가 세운 철학은 두 가지였다. 하나는 아이들 곁에서 교사도 함께 창작하는 삶을 살아가자는 것. 또 하나는 학교 밖과 안의 온도 차를 줄이는 통로의 역할을 하자는 것. 《좋아서 읽습니다, 그림책》은 이러한 '좋아서하는그림책연구회'의 운영 철학을 오롯이 담은 결과물이다.

책 속에서 저자들은 학교 현장의 이야기만 하지 않는다. 교사이기 이전에 자기 삶에 최선을 다하며 사는 한 사람으로서 통찰한 순간을 글로 썼다. 남과 다른 나를 있는 그대로 인정하는 마음, 타인의 입장을 헤아리며 편견 없이 소통하려는 태도, 삶과 죽음의 순환에 대한 시선 등 그림책을 통해 들여다본 사려 깊은 삶의 이야기를 한 권의 책에 모았다. 첫 집필에서부터 출간까지 꼬박 2년 반이 넘는 시간 동안 이 책의 저자들은 머리를 맞대고 문장을 한 줄 한 줄 쌓아 올렸다. 그렇게 쓴 100여 편의 글 중에서 잘 익은 열매를 고르듯 열다섯 편의 글을 꺼내어 이 책에 정성스럽게 담았다.

클로드 모네의 〈수련〉 연작 그림을 가까이에서 보면 거친 붓자국과 물감 덩어리가 고스란히 느껴진다. 눈앞에서 본 모네의 그림은 어떤 형상으로 보인다기보다 물감 덩어리가 두껍게 쌓여 있는 모습이다. 그렇지만 천천히 발걸음을 뒤로 옮겨 멀찍이 떨어져 그림을 바라보면 어느 순간, 마치 연못의 물이 일렁이듯 하나의 장면이 눈앞에 펼쳐진다. 독자 분들이 이 책을 모네의 그림을 감상하듯이 읽어주시면 좋겠다. 겹겹이 쌓아 올린 이 책의 문장들을 다 읽고 난 뒤 책을 관통하며 흐르는 고유의 무늬와 결을 다시 짚어보았을 때, 독자들의 눈앞에 하나의 또렷한 장면 하나가 선명한 윤곽을 드러내리라 믿는다. 이

책을 펼친 당신과 함께 나란히 서서 그 일렁이는 장면을 찬찬히 바라보고 싶다.

삶의 소중한 가치들은
함께 나눌수록 선순환한다

'좋아서하는그림책연구회'에서는 그동안 한 달에 한 번 공개 강연을 마련해왔다. 이 강연에는 현직 교사들 외에도 실로 다양한 분들이 찾아오셨다. 대학을 갓 졸업하고 사회생활을 시작하면서 망망대해에 홀로 뚝 떨어진 것처럼 불안해하던 20대도, 아이를 무릎에 앉힌 채 그림책을 펼친 어느 날, 아이의 어깨 너머로 가슴을 후벼 파는 장면을 만난 30대도 그림책 한 권을 품에 안고 강연장으로 왔다. 그림책을 더욱더 깊게 공부하고 싶은 40대도, 은퇴 이후의 삶을 그리면서 가슴이 꿈틀대는 50대와 60대도 그림책으로 교감하는 이 시간에 푹 빠져들었다.

호주의 일러스트레이터이자 그림책 작가인 숀 탠이 말했듯 그림책은 '가장 넓은 범위의 연령대를 수용할 수 있는 문학 형식'이었다. 마치 살롱 문화처럼 그림책을 소통의 매개로 서로가 가진 마음의 무늬를 존중하고 나누는 취향의 공동체, 그것이 바로 '좋아서하는그림책연구회'가 추구하는 방향성이자, 우리 모임에 대한 설명 그 자체였다.

이 글의 앞부분에서 언급했던 《마음여행》으로 되돌아가본다. 잃어버린 자신의 마음을 찾아 길을 떠난 주인공은 주인을 잃은 마음 조각들이 수십만 개가 모여 하나의 언덕을 이룬 곳에 다다른다. 나는 매달 열렸던 '좋아서하는그림책연구회'의 공개 강연 자리가 바로 그 언덕과도 같은 공간이라고 생각한다. 그 자리에 모일 때마다 우리는 영영 잃어버렸다고 생각했던 삶의 소중한 가치들이 바로 여기 존재하고 있음을 확인하고 다시 마음의 힘을 회복할 수 있었다.

4년째 연구회를 이끌면서 선한 영향력은 함께 흐를 때 더욱 넓어지고 깊어지는 것을 경험한다. 그림책을 매개로 삶의 대화를 이어 온 아홉 명의 운영진에게 깊은 사랑의 마음을 전한다. 우리가 함께 머리와 무릎을 맞대었던 그 뜨거운 시간이 이 책 속에 고스란히 담겨 소담스럽게 피어났다. 어른이 되어 그림책의 깊은 맛을 알고 이 책을 펼친 여러분과 더불어, 앞으로도 '좋아서' 그림책 읽는 삶을 살고 싶다.

2020년 12월
좋아서하는그림책연구회 대표
이현아

차례

프롤로그
5   그림책에서 잃어버린 마음 조각을 찾다

1장 | 그림책, 나를 돌아보게 하는 거울

19   아이가 클 때까지 기다리지 않기로 했다 ◆ 김지민

31   애도의 방식 ◆ 이현아

42   우리는 다른 사람들입니다 ◆ 이한샘

51   근육은 없지만 액티비티가 하고 싶어 ◆ 김설아

62   오늘도 내가 달리는 이유 ◆ 김미주

2장 | 그림책, 이해와 공감의 매개체

79   먹고사는 일에 관하여 ◆ 이한샘

90   몸들의 속사정 ◆ 김여진

101   존재로 가만히 귀 기울이기 ◆ 조시은

112   식물성 인간 ◆ 우서희

122   공해가 소리가 되는 순간 ◆ 김설아

3장 | 그림책, 더 넓은 세상으로 향하는 시작

137 우연을 가장한 선물 ◆ 이현아

150 남의 살을 먹을 때 ◆ 김여진

160 느티나무 공부방의 곰과 오리 ◆ 우서희

170 나눔 찾아 삼만 리 ◆ 조시온

182 계절을 보는 일상 ◆ 김다혜

에필로그
196 나에게 그림책이란?

부록 1
201 그림책 모임 운영에 관한 팁

부록 2
225 주제별 엄선 추천 그림책 목록 150권

1장

그림책 나를 돌아보게 하는 거울

아이가 클 때까지 기다리지 않기로 했다

이토록 절실히 그림이 그리고 싶었던 적이 없었다. 여름의 중반을 달리던 어느 날, 나는 첫째 아이의 이야기를 그림책으로 그리기 시작했다. 게으름 방지 차원에서 '8주 완성 그림책 창작 수업'까지 검색해서 수업료를 결제해놓은 상태였다. 하지만 첫째는 심심하다는 이유로, 둘째는 생존 본능으로 나의 작업을 방해했다. 나는 방금 떠오른 찰떡 같은 아이디어를 붙잡기 위해 서재는커녕 책상 하나 없는 집에서 나만의 창작 공간을 찾아 헤맸다. 그때 눈에 쏙 들어온 곳이 있었으니. 홀로 문을 잠그고 있어도 당당할 수 있는 그곳, 바로 화장실이었다.

변기에 앉자마자 옆구리에 끼고 온 아이패드를 다급하게 켰다. 톡톡, 스윽스윽, 톡톡톡… 왼손가락들과 오른손에 쥔 아이펜슬이 만들어내는 절묘한 비트 속에서 나에게 다가왔던 이미지들을 빠르게 그려 나갔다. 시간이 갈수록 다리는 저려왔고 화장실 특유의 냄새가 습기를 타고 올라와 후각세포를 자극했다. 그런 내 모습이 우스웠지만, 홀로 있는 소중한 기회를 틈타 꼬리에 꼬리를 물고 따라오는 영감들을 전부 다 끄집어내기 위해 나는 손놀림을 서둘렀다. 하지만 나의 '짜릿한 고독'은 그리 길지 못했다. 얼마 지나지 않아 첫째는 화장실 문을 두드리며 문고리를 벌컥벌컥 돌렸고, 둘째의 찢어지는 울음소리가 화장실 문을 뚫고 들어왔다. '오오, 아이들아! 제발 엄마가 그림 좀 그리게 해줘!'

다행히 아이들도 잠은 잤다. 하품을 잃어버렸다는 둥, 잠토끼가 오지 않는다는 둥 첫째는 별의별 핑계를 대며 늘 밤 열한 시를 넘기기 일쑤였지만, 몇 시가 되었든 아이들이 잠만 들면 나는 자유였다. 자유의 시간이 찾아오면 나는 침대를 빠져나오는 시간조차 아까워 아이들이 깨지 않도록 어둠 속에서 조용히 상반신만 일으키고 아이패드를 무릎에 올렸다. 그 자세에서 허리만 숙여 고양이의 발걸음처럼 조용하지만 재빠르게 손가락을 움직이기 시작했다. 손가락이 지나가는 자리마다 낮

동안 내 안에 숨어 있던 그림과 문장들이 모습을 드러냈다. 무겁게 내려오는 눈꺼풀과 씨름하며 '한 장만 더'를 반복하다 보면 어느새 창 너머로 새벽빛이 들어왔다. 점점 밝아지는 침대 위로 둘째의 우렁찬 울음소리가 쏟아지고 나서야 아이패드를 덮었다. 그렇게 하루의 끝과 시작의 경계가 희미했던 여름날들이 지나갔다.

아무리 기다려도 어림없는 일

나처럼 무언가에 푹 빠진 주인공을 발견하고 싱긋 웃었던 그림책이 있다. 《발레리나 토끼》라는 제목의 그림책이다. 어느 날 아기 토끼 한 마리는 우연히 본 발레의 아름다운 춤 선에 반하여 용감하게 발레 교실의 문을 두드린다. 레슨을 받고 싶다는 이 작은 동물에게 인간 선생님이 선뜻 손을 내밀어준 덕분에 토끼는 발레의 세계로 발을 내딛게 된다.

몇 해 전, 나는 '아이들 곁에서 교사도 창작하는 삶을 살자'라는 철학에 매료되어 '좋아서하는그림책연구회' 활동을 마음에 품게 되었다. 그 후로 운영진 모집 소식이 들릴 때마다 심장이 두근두근거렸지만, 《발레리나 토끼》의 아기 토끼처럼 문을 두드려볼 용기가 선뜻 나지 않았다. 나의 양손을 두 아이가 하나씩 잡고 있었기 때문이다.

'어떤 희생을 치르더라도 아이가 태어나서 3년까지는 엄마가 키워야 한다'라고 강조하는 육아서의 한 구절이나 "엄마가 어떻게 하고 싶은 걸 다 하니, 그건 욕심이지"라고 말하던 주변인들의 인생 조언처럼 '엄마 중심의 육아'를 강요당할 때면 나는 마음속으로 그 말들을 구시대적인 발상이라고 욕했다. 그러면서도 한편으로는 쉽게 흘려버리지도 못했다. '나 좋자고 하는 일탈로 아이들이 상처받으면 어떡하지?' 하는 불안감에 나를 붙들고 있던 그 작은 손들을 잠깐이라도 놓을 엄두가 나지 않았다.

그랬던 나를 확 잡아끌었던 것은 '좋아서하는그림책연구회'의 대표인 이현아 선생님의 질문이었다.

"언제쯤이면 네가 마음껏 네 길을 걸을 수 있을까?"

나뿐만 아니라 이 시대 엄마들을 향한 질문이라고 느껴졌기에 나는 명확한 대답을 들려주고 싶었다. 그러기 위해서는 소위 '아이가 클 때'가 정확히 언제인지를 찾으면 된다고 생각했다. 첫째가 다섯 살이 되었는데도 손을 놓지 못하고 있는 나를 보아서는 '아이가 세 살까지는'이라는 단서가 달린 육아서 속의 문장은 진즉 틀린 듯했다. 그렇다면 아이가 초등학교에 입학하고 나면 내가 나의 삶을 사는 것이 가능해질까? 주변에서 보고 들은 바로는 아이의 원만한 학교생활을 위해 엄마가 신경 써야 할 것들이 한둘이 아니었다. 오죽하면 선생님들 사이에서도 아이가 어릴 적에는 오히려 육아휴직을 아껴두었다가 초등학교 1학년이 되면 사용하는 것이 필수 코스가 되었겠는가?

거기에서 끝이 아니었다. 아이가 중·고등학교에 올라가면 이번에는 아이의 빈틈없는 진로 준비를 위해 아이의 학교와 학원 스케줄에 맞춰 자신의 하루를 계획하는 것은 엄마들에게 너무도 당연한 의무로 여겨졌다. 아이가 성인이 되면 잠시 숨을 고르는 듯했지만, 그다음에는 손주를 대상으로 그 긴 레이스를 또다시 시작하신 분들을 자주 보았다.

그렇다면 결국, 내가 내릴 수 있는 답은 '그런 날은 오지 않을 것 같아'일 수밖에 없는 걸까? 생각이 여기에까지 미치니 엄마라서 감당해야 하는 인생을 향해 허탈감, 좌절, 분노, 슬픔의 감정들이 한꺼번에 북받쳤다.

나는 시큰해져오는 눈을 질끈 감았다가 떴다. 세상이 강요하는 책임감에 떠밀려 '아이가 클 때'를 얌전히 기다리다가 결국 나의 길을 포기하게 될지도 모른다고 생각하니 너무 억울했다. 억울함의 파도가 쓸고 지나간 자리에 남은 감정은 오기였다. 무책임한 엄마라고 호되게 욕먹을지라도 내 영혼이 원하는 저 길 위에 발자국이라도 한 번 꾹 찍어보고 싶어졌다. 마음을 먹은 나는 저돌적인 자세로 '좋아서하는그림책연구회' 운영진 모집 지원서를 쓰기 시작했다. 인생의 첫 여름을 맞이하는 둘째와 함께 나 역시 '누구누구의 엄마'가 아닌 '김지민'으로서 인생의 새로운 여름을 맞이하게 되었다.

나만의 그림을 그리고
나만의 문장을 찾는 일상

《발레리나 토끼》에서 아기 토끼는 짧은 팔다리로 서툴지만, 차근차근 발레를 배워 나간다. 탄듀, 아라베스크, 하나, 둘, 셋. 동작 하나하나를 따라 하는 토끼의 표정만 봐도 나는 딱 알 수 있었다.

'토끼는 자기가 원했던 춤을 출 수 있게 되어서 진짜 행복하구나.'

아기 토끼가 느낀 행복은 다른 토끼들에게도 가닿았고, 얼마 뒤 토끼 발레단이 탄생하기에 이른다. 어느 상쾌한 밤, 발레에 푹 빠진 토끼들은 앙증맞은 숲속 발레 공연까지 여는데, 토끼들뿐만 아니라 함께 발레를 배운 소녀들, 공연을 구경 온 숲속의 동물들 모두가 함께 어울리며 꿈같은 시간을 보낸다.

《발레리나 토끼》의 아기 토끼처럼 원하던 곳의 문을 두드리고 나니, 나에게도 꿈같은 시간이 펼쳐졌다. 일주일에 한 번 육아를 잠시 멈추고 '좋아서하는그림책연구회' 운영진들과 그림책을 읽고 토론하던 시간이 바로 그것이다. 운영진들은 여러 면에서 나를 놀라게 했는데, 특히 동료들이 보여준 창작에 대한 진지한 태도가 매우 인상적이었다. 원하는 서사를 다룬 그림책이 없어서 아쉬워할 때면 "지민 선생님이 직접 만들면 되겠네요"라며 매우 자연스럽게 창작을 권했다. 농담으로 웃어넘기기에는 그들의 눈빛은 진지했고, 이미 자신의 책을 세상에 선보인 이들도 있었다.

창작이 이미 삶의 일부분을 차지한 사람들 곁에 있다 보니, 어느새 내 안에서도 '진짜 내가 한번 그림책을 만들어볼까?' 하는 욕구가 자연스럽게 피어오르기 시작했다. 글을 쓰는 것이 너무 힘들다고 말하면서도, 한편으로는 어떤 글을 쓸까 고민하고 흥분하는 그들의 모습이 나를 좋은 방향으로 자극했다. 평소 글쓰기보다는 그림 그리기를 좋아하던 나는 먼지 쌓인 아이패드를 꺼내 드로잉부터 시작해보기로 했다.

그런 결심을 했을 즈음에 그렸던 나의 첫 그림이 뜻밖의 좋은 피드백을 받은 일은 나의 창작욕에 더욱 강한 불을 지폈다. 첫 그림에 대한 영감은 일상 속에서 우연히 나를 찾아왔다. 친정 부모님께서 가꾸시는 텃밭에는 마루가 딸린 작은 집이 하나 있다. 어느 날 그 마루 위에 한가롭게 누워 있던 중, 나의 시선이 엄마와 첫째 아이에게 가닿았다. 언덕길을 내려오는 어린 손주가 넘어질까 봐 손주의 손을 야무지게 쥐고, 다른 한 손엔 파란 잠자리채를 꼭 그러쥔 엄마의 모습이 그날따라 내 눈에 밟혔다. 나의 소중한 두 사람이 여름의 초록빛과 어우러져 내 마음을 간지럽혔다. 나는 그 포근한 느낌이 사라지기 전에 손이 가는 대로 아이패드 화면 위로 브러시를 휘둘렀다.

이때 그린 그림을 본 한 친구가 '네 그림이 주는 느낌이 참 따뜻해서 내 방에 걸어두고 싶어진다'라며 메시지를 보내왔다. 진심 어린 메시지에 더 많은 사람들에게 나의 그림을 보여주고 싶은 용기가 생겼다. 나는 창작자들이 자신의 작품을 올리는 플랫폼인 네이버 그라폴리오에 계정을 하나 만든 뒤, 그림을 업로드 했다.

창작한 사람의 마음이 그림을 감상한 이들에게도 고스란히 전해진 덕분일까? 업로드를 한 지 며칠 만에 내 그림이 '데뷔(신입 크리에이터가 좋은 반응을 받으면 주는 증표)'에 선정되는 놀라운 일이 벌어졌다. 나의 '개인적인' 서사가 사람들의 '보편적인' 마음을 두드릴 수 있다고 생각하니 벅차오르는 기쁨으로 가슴이 두근거렸다. 그때부터였다. 아이들이 잠들면 그림과 거기에 걸맞은 문장을 창작해 SNS에 하나씩 올리기 시작했다.

드로잉이 내 일상에 스며들자 그동안 무료하게만 여겨졌던 육아에서도 창작의 소재를 발견해내기 시작했다. 매일 오가던 아이 어린이집 등하원 길에서 만난 나팔꽃 한 송이, 개미들의 행렬, 아들의 말 한마디, 답답하게 느껴지던 느린 발걸음 모두가 달라 보였다. 특별하게 바라보니 눈길 닿는 것들 하나하나가 오롯이 한 편의 서사가 되었다. 유심히 바라볼수록 지금 나와 함께하는 아이들의 어린 시간이 애틋하게 느껴졌다. 그 소중한 시간들, 나의 시선에만 기억될 이 순수하고 사랑스러운 시절이 아까워, 한 권의 그림책으로 만들어주고 싶어졌다. 다섯 살 첫째의 이야기를 담은 《너의 세상》이라는 그림책은 그렇게 세상에 나올 수 있었다.

내가 창작을 포기할 수 없는 이유

나의 하루는 이제 예전보다 빼곡한 일정으로 채워졌다. 육아와 살림에 연구회 활동, 그리고 창작 작업까지 더해지면서 안 그래도 짙었던 다크서클이 턱 끝까지 내려올 기세지만, 신기하게도 주변에서 그런 나를 보고 "좋아 보인다"라는 말을 자주 건넸다. 스스로도 예전에 없던 활력이 느껴졌다. 이 활력의 이유를 나는 《발레리나 토끼》의 하이라이트이자 내가 제일 좋아하는 장면에서 찾았다.

그림책 후반부에는 아기 토끼가 친구들의 다정한 춤 선 위로 힘껏 점프하는 모습이 두 페이지에 걸쳐 그려진 장면이 나온다. 보름달의 하얀 빛이 아기 토끼를 상냥하게 감싼 모습에 한동안 시선이 머물렀다. 그 장면에서 그동안 귀엽기만 했던 아기 토끼가 오롯한 발레리나로 보였고, 그 위로 나의 요즘 모습이 겹쳐졌다. 두 아이의 엄마가 아닌 창작의 희열을 느끼며 반짝이는 '나'의 모습이.

오롯이 '나'일 수 있었던 시간은 육아로 희생되는 대부분의 시간에 짧지만 큰 위로가 되었고, 새로운 힘이 솟아오를 수 있도록 나를 어루만져주었다. 엄마가 자신이 원하는 길을 걷는 것은 결코 일탈이 아니었다. 가족들은 나의 새로운 선택을 든든하게 지지해주었고, 지인들뿐만 아니라 낯선 이들도 나의 이야기에 공감해주고 응원을 보내주었다. 나의 염려와는 달리 그 누구도 나를 무책임하다고 탓하지 않았다.

무엇보다 그토록 나의 작업을 방해하던 첫째 녀석이 완성된 《너의 세상》을 들고 어린이집에 자랑하러 뛰어 들어가는 모습을 보았을 때의 행복감은 이루 말할 수 없었다. 잠깐 아이의 손을 놓고 나의 길을 걷다 돌아오면 오히려 두 아이의 손을 더 따뜻하게 힘껏 쥘 수 있었다. 아이들이 클 때까지 기다리지 않아서 얼마나 다행인지 몰랐다.

아이들이 잠든 고요한 밤, 나는 오늘도 어김없이 침대 위에 허리를 굽히고 앉아 그림을 그린다. 오늘따라 그림에 붙인 문장이 탐탁지 않아 답답한 마음에 그대로 뒤로 벌렁 누워버린다. 누워 있으니 윗배가 쿡쿡 쑤시기 시작한다. 얼마 전 갑작스러운 위통으로 병원을 갔다가 '수면 부족'이라는 진단을 받았다. 하지만 나는 창작하는 시간을 포기할 수 없다. 아픈 게 무슨 대수일까 하는 마음이 들 정도로 창작하는 나로 사는 지금의 삶이 너무 행복하다.

머리로는 더 그럴듯한 문장을 찾으면서 한 손으로는 윗배를 슬슬 문지르고 있는데, 첫째가 엄마의 향기를 맡았는지 잠결에 내 곁으로 굴러와 내 얼굴을 감싸 안는다. 아이의 체취가 밴 내복 냄새를 들이키며 생각에 잠겼다. 내 얼굴만 겨우 감싸는 이 조그마한 품이 자라 듬직한 어른이 되었을 때, 아이들은 지금의 내 모습을 어떻게 기억할까? 자신들을 위해 희생만

했던 엄마로 기억하지는 않았으면 좋겠다. 미래의 아이들이 미안함의 눈물을 흘리기보다는 "우리 엄마는 진짜 반짝거렸어요!"하며 엄지를 탁 치켜세우길 바란다. 부쩍 차가워진 밤공기를 가르며 내가 다시 몸을 일으켜 세우고 그림을 그리는 까닭이다. ◆ 김지민

《발레리나 토끼》 (도요후쿠 마키코 글·그림, 김소연 옮김, 천개의바람, 2019)
발레리나가 되고 싶은 한 아기 토끼의 발레 도전기를 담은 그림책이다. 넘어지고 실수해도 포기하지 않고 춤을 즐기는 토끼의 귀엽고도 씩씩한 모습에 절로 미소 짓게 된다. 마침내 무대 위에서 아름다운 발레리나가 되어 날아오르는 토끼의 모습이 부드럽고 은은한 색채를 통해 더욱 빛나 보인다. 소중한 꿈을 꾸지만 현실에 부딪혀 고민하는 이들에게 용기 있게 도전해보라는 따뜻한 응원을 보내는 그림책이다.

애도의 방식

　나는 다양한 감각으로 사람을 기억한다. 한 사람을 떠올릴 때 시각적 심상뿐만 아니라 여러 감각을 불러일으키는 편이다. 이를테면 그 사람의 옷에 항상 배어 있던 은은한 섬유유연제 냄새라든가, 자주 만났던 공간의 정서라든가, 혹은 그 사람이 유독 반복해서 쓰는 단어를 떠올리곤 한다.

　어린 시절의 아빠를 가만히 떠올리면 두 가지 감각이 되살아난다. 하나는 이제 막 수염을 깎아 꺼끌꺼끌한 턱의 촉감이다. 주말 아침, 나와 동생이 이불을 머리끝까지 뒤집어쓰고 조금이라도 더 자려고 안간힘을 쓸 때면 저 멀리에서부터 이런 소리가 들려왔다. '위이잉~' 아빠가 전기면도기를 턱에다 대고 3중 날을 유연하게 돌리면서 우리 방 침대로 다가오는 소리다.

"으악, 간지러워!"

아빠가 짧게 자른 턱수염을 내 볼에 대고 마구 비비면 나는 몸을 이불로 돌돌 감으면서 잠이 덜 깬 목소리로 소리쳤다. 주말 아침마다 내 얼굴과 목덜미를 다정하게 간지럽히던 그 꺼끌꺼끌한 턱의 촉감으로 나는 아빠를 기억한다.

아빠를 기억하는 또 하나의 감각은 바로 산을 탈 때 느껴지는 발바닥의 촉감이다. 어릴 때부터 초중고 학창 시절, 그리고 대학 시절에 이르기까지 나는 주말마다 아빠와 자주 산에 올랐다. 온 가족이 함께 등산할 때도 많았지만 엄마와 동생이 '무릎도 아프고 벌레가 많다'면서 슬금슬금 꽁무니를 뺄 적에도 아빠와 나는 정예부대처럼 씩씩하게 산에 올랐다.

산을 오를 때 어린 내가 느낀 발바닥과 종아리 근육의 감각은 평지를 걸을 때와 달랐다. 어느 겨울날엔 자꾸 흙길에 미끄러지는 내게 아빠는 이렇게 말씀해주셨다.

"운동화 밑창 아래 발바닥으로 땅을 찬찬히 훑어봐. 나무뿌리나 돌이 단단하게 느껴지면 거길 골라 딛고서 경사를 오르는 거야. 그래야 넘어지지 않는단다."

그제야 가만히 땅을 보니 할아버지의 마른 손등 위로 도드라진 핏줄처럼 여기저기 나무뿌리가 튀어나와 있었다. 나는 발바닥의 감각에 집중한 채 땅을 요리조리 훑어가면서 나무뿌리를 야무지게 골라 디뎠다. 종아리 근육이 뻐근해지도록 깡충깡충 신나게 산을 타다 보면 가파른 경사가 나왔다. 그럴 땐 아빠의 팔을 꽉 붙잡은 채 반질반질한 돌을 발바닥으로 힘껏 디뎌가며 땅을 박차듯 걸었다. 운동화 밑창 아래 발바닥으로 느껴지던 그 단단한 촉감으로 나는 아빠를 기억한다.

볕이 내려앉은 사리에

간밤에 내린 비로 이제 막 붓을 뗀 수채화처럼 온 세상이 촉촉하게 젖은 날이었다. 그날도 아빠와 함께 산에 올랐다. 비가 갠 산은 방금 세수를 마친 얼굴처럼 산뜻하고 말갛게 피어났다. 폭신하게 젖은 흙냄새와 빗물을 머금은 풀 냄새가 코끝을 시원하게 스치고 폐부로 드나들었다. 걸을 때마다 비에 젖은 이파리들이 후드득후드득 연둣빛 물감을 흩뿌렸다.

나는 아빠 뒤를 따라 종달새처럼 종알거리면서 폴짝폴짝 산을 탔다. 이렇게 비가 갠 봄날에는 발바닥 아래로 폭신한 흙의 촉감이 느껴졌다. 겨우내 건조하고 투박하기만 했던 산도 봄이 오면 갓 구워낸 빵처럼 생동하는 기운으로 부풀어 올랐다. 온 산에 생명력이 감돌기 시작하면 땅은 어김없이 다시 말랑해졌다.

산에 오를 때마다 아빠는 어린 내게 보여주고 싶은 것이 많았다. 이건 산수유나무, 이건 자귀나무, 이건 상수리나무…… 내 눈에는 비슷해 보이는 이파리도 아빠 눈에는 하나하나 다른 이름을 가진 잎이었다. 아빠는 요리조리 풀숲을 헤쳐 가며 나뭇잎을 보여주다가 아담한 나무 한 그루 앞에서 발길을 멈추었다.

"딱 이 정도 나무면 좋겠는데 말이야."

볕이 내려앉은 자리에 연두색 새순을 피워낸 작은 나무 한 그루가 서 있었다.

"이건 무슨 나무야?"

무심코 던진 질문에 아빠는 나무 이름 대신 죽음을 이야기했다.

"거추장스러운 묘지는 하지 않았으면 좋겠고, 이렇게 작은 나무 한 그루면 충분하겠다. 그저 가끔 아빠 생각이 날 때 들여다볼 게 하나 있으면 좋잖아. 기왕에 자라는 생명이면 더욱 더 좋고……"

아빠는 어린 나와 산길을 걸으면서 종종 죽음에 관해 이야기했다. 비교적 이른 나이에 당뇨를 앓게 되면서부터였다. 아빠는 건강을 잃었지만, 삶과 죽음에 대해 일찍부터 생각해볼 기회를 얻었다. 아빠는 죽음에 억지로 끌려가지 않았다. 그래서 아빠가 들려주는 죽음은 무겁지도 않고 절망적이지도 않았다. 마치 계절이 지나면 무성했던 이파리가 떨어지고 새잎이 돋아나는 것처럼, 그렇게 담담하고 자연스러웠다.

죽음을 통해 삶을 보는 일

그림책 《살아 있다는 건》을 읽으면서 아빠가 들려준 죽음을 떠올렸다. 이 그림책은 일본의 국민 시인 다니카와 슌타로가 쓴 〈살다〉라는 시에 오카모토 요시로가 그림을 그린 작품이다. 그림책을 펼치면 첫 페이지에 나무가 보이고 거기에 매미가 매달려 있다. 매미는 기다란 촉수를 나무 기둥에 꽂고서 다리에 힘을 주고 있는데, 날개 사이로 '매앰, 매앰' 우렁찬 소리가 들리는 듯 활기찬 기운이 느껴진다.

종이를 한 장 더 넘겨 그림책의 첫 장면을 펼치면, 매미가 생기를 잃어버린 채 바싹 마른 모습으로 땅바닥에 떨어져 있다. 바람이 불면 금방 날아갈 것처럼 속이 텅 빈 채 쪼그라든 모습이다. 껍데기만 남은 매미의 몸뚱이에 개미 떼가 몰려들고, 개미 한 마리가 뜯겨 나간 한쪽 날개를 열심히 옮기고 있다. 한 아이가 놀이터 한쪽 구석에 쪼그리고 앉은 채 이 죽은 매미의 모습을 가만히 내려다본다. 죽음을 바라보는 아이의 시선으로 그림책의 첫 장면이 시작되는 것이다.

"살아 있다는 건 무엇일까?"

질문을 던지는 독자들에게 이 그림책은 첫 장면에서부터 죽음을 이야기한다. 아마도 그림 작가 오카모토 요시로는 일본의 많은 국민이 사랑하는 시 〈살다〉에 어울릴 그림을 그리면서 '첫 장면을 어떻게 시작하면 좋을까?' 하고 오래도록 고심했을 것이다. 그는 사려 깊은 그림을 통해 독자들에게 이렇게 이야기를 건넨다.

"살아 있다는 건 말이야, 죽음을 정면으로 마주하는 거야."

'어떻게 살 것인가'를 고민하다 보면 '어떻게 죽을 것인가'에 대해 답해야만 하는 순간이 온다. 이 땅에 태어난 모든 생명은 죽음을 맞이하기 때문이다. 삶과 죽음이 맞닿아 있는 경계를 기억하면 삶의 무게중심을 바로잡을 수 있다. 죽음을 잘 준비하는 삶, 내가 떠난 후에 남겨질 것들을 헤아리는 삶을 살겠다고 다시금 다짐하게 된다.

아빠가 내게 알려준 애도의 방식

죽음을 곁에 두고 당뇨를 관리하면서 아빠의 삶은 단순하고 담백해졌다. 소박한 식단, 술 담배가 전혀 없는 일상, 규칙적인 운동, 매일 저녁의 기도가 전부였다. 기름기를 쫙 빼내고 본질에만 초점을 맞춘 삶을 살면서 아빠의 얼굴빛은 날로 맑아졌다. 비록 살은 조금씩 빠졌지만 말이다.

해마다 봄이면 아빠가 보여주었던 그 연둣빛 어린 나무가 생각난다. 매일 산을 오르면서 이 나무, 저 나무 눈여겨보았을 아빠의 눈길을 헤아려보게 된다. 아빠는 그 나무에 뿌려질 자신의 뼛가루를 자주 떠올렸을 것이다. 죽음 앞에서 삶을 정면으로 마주하는 담담하고 단단한 시간이었으리라.

"아빠 아직 살날 많이 남았어. 100세 시대잖아."

아빠가 죽음을 이야기하면 나는 눈을 흘기면서 투덜댔다. 아빠의 가을에도 언젠가 단풍이 우수수 떨어지는 쌀쌀한 날이 오겠지만, 아직 나는 긴소매를 꺼내고 싶지 않다. 여름날 아빠와 손을 잡고 깡충깡충 산을 올랐던 그 푸른 계절 안에 반소매를 입은 채 좀 더 오래 머물고 싶다.

몇 해 전 아빠에게 선물하고 싶은 유골함을 만난 적이 있다. 《위로의 디자인》(유인경·박선주 공저, 지콜론북, 2013)을 읽다가 프랑스의 디자이너 마르고 뤼앙이 디자인한 '포이트리 POETREE'를 발견한 것이다. 포이트리는 아빠가 이야기한 애도의 방식인 수목장의 과정이 고스란히 담긴 유골함이다. 이 유골함은 단지 모양으로 만들어졌는데, 유골함 안에 유골만 담는 것이 아니라 흙을 함께 담고 작은 묘목도 심을 수 있다. 보통의 수목장은 화장한 뼛가루를 실외의 나무뿌리에 묻지만 포이트리는 유골함 안에 나무를 심기 때문에 집 안 가까운 곳에 둘 수 있다.

언젠가 아빠가 자연스럽게 죽음을 맞이하면 나는 가족들과 함께 이 유골함에 아빠의 뼛가루와 함께 작은 나무를 심을 것이다. 나무가 충분히 자랄 때까지 곁에서 물을 주고 햇볕을 쬐어주면서 아빠를 애도하고 기억하는 시간을 가질 것이다. 사랑하는 아빠의 죽음 앞에 가슴에 구멍이 난 것처럼 시리고 아픈 시간을 보내겠지만, 내 곁에 남겨진 또 하나의 생명을 통해 상실을 다독여 나갈 수 있으리라.

이것이 아빠가 내게 알려준 애도의 방식이다. 우리는 삶과 죽음의 순환 가운데에 잠시 머물다 간다. 결국 흙으로 돌아가는 인간의 육신이 다른 생명에게 도움을 줄 수 있다면 죽음은 슬픔과 허무가 아닌 생명력을 향할 수 있다.

어쩌면 모든 생명은 빛 알갱이

계절이 순환하듯 생명도 순환한다. 그림책 《쨍아》를 보면 잠자리 한 마리가 과꽃 아래에서 죽음을 맞이한다. 개미들이 장사를 지낸다고 까맣게 몰려와서 잠자리를 잘게 쪼개기 시작한다. 쏟아지는 가을 햇볕과 함께 잠자리의 온몸은 알록달록 오색 빛으로 흩어진다. 하나의 생명이 빛 알갱이로 낱낱이 나뉘어 퍼져 나가는 그 모습이 눈부시게 찬란하다.

어쩌면 모든 생명은 하나하나의 빛 알갱이일지 모른다. 화가 이광익은 천정철 시인의 시 〈쨍아〉를 그림으로 표현하면서 모노타이프 위에 찍기 기법을 사용했다. 감자, 무, 지우개를 사용하여 찍어낸 빛 알갱이가 신비롭고 영롱한 형상으로 눈앞에 펼쳐진다.

빛 알갱이가 된 잠자리의 생명은 율동적인 리듬으로 퍼져 나가고 모이면서 춤을 춘다. 낱낱의 알갱이 안에 잠자리의 숨결과 온기가 고스란히 담겨 있다. 빛 알갱이가 흩어지고 모인 그 자리에 이윽고 과꽃이 소담하게 피어난다. 잠자리는 죽음으로 소멸되는 것이 아니라 다른 생명에게 옮겨져 그것과 새로이 인연을 맺고 섞여서 존재한다.

생명을 품은 빛 알갱이는 그림책 《살아 있다는 건》의 뒤표지에도 옮겨 앉았다. 첫 장면에서 쪼그려 앉은 아이의 발아래 떨어져 죽어 있던 매미 한 마리는 다시 허물을 입은 채 땅속에서 빛을 향해 나아온다. 매미는 허물 속에서 무려 일곱 해 동안 웅크린 채 애벌레의 시기를 보내면서 날개와 목청을 다듬었을 것이다. 이제 등껍질을 가르고 나오면 젖은 날개를 펼치고 고작 일주일에서 이주일간 목청껏 울면서 생명력을 발산하겠지. 그러다 나무 아래로 힘없이 떨어진 어느 날, 다시 빛으로 흩어져 이윽고 또 다른 누군가로 존재할 것이다.

이 땅에 존재하는 모든 생명들은 이렇게 얽히고설킨 인연으로 삶과 죽음 가운데에 순환하며 살아간다. 생명력을 가진 죽음이기에 아프지만 슬프지 않고, 애틋하지만 허무하지 않다. 작은 나무 한 그루로 생명을 옮길 그날까지, 나도 아빠처럼 억지로 끌려가는 죽음이 아니라 존엄하게 맞이하는 죽음을 준비하고 싶다. ◆ 이현아

《살아 있다는 건》
(다니카와 슌타로 시, 오카모토 요시로 그림, 권남희 옮김, 비룡소, 2020)

일본의 국민 시인 다니카와 슌타로가 삶의 소중함에 대해 쓴 시 〈살다〉에 오카모토 요시로의 그림을 더해 만든 작품이다. 삶이라는 것은 거창한 무언가가 아니라 지극히 일상적인 행위와 내 곁의 소중한 존재들로 이루어진 것임을 알려준다. '지금 무슨 일이 일어나든, 누가 무엇을 하든, 그 짧은 시간 속에 영원을 품고 있다'는 거장의 삶에 대한 철학이 따뜻하면서도 근본적인 질문을 던지게 하는 오카모토 요시로의 그림을 통해 더욱 울림 있게 전해지는 그림책이다.

《깽이》 **(천정철 시, 이광익 그림, 창비, 2008)**

잠자리, 꽃, 개미와 같이 자연에서 쉽게 발견할 수 있는 생명체들을 통해 삶과 죽음에 대해 이야기하는 그림책. 죽음과 빛, 하늘과 땅, 멈춤과 순환 등 대비되는 개념들이 사실은 서로 연결된 의미임을, 그리하여 결코 떼어서 생각할 수 없는 관계임을 전한다. 간결하지만 울림이 있는 천정철의 시에 찬란하고 리듬감이 느껴지는 그림이 어우러져 두렵게 여겨질 수 있는 죽음을 아름답게 표현한다. 덕분에 죽음은 소멸이 아니라, 생명이 순환하는 하나의 과정임을 깨닫게 한다.

우리는 다른 사람들입니다

어릴 적 집 앞에 제대로 된 신호등 없이 노란색 불만 깜빡거리는 횡단보도가 있었다. 엄마가 항상 건널 때 조심하라고 했는데, 그날따라 뭐가 급했는지 냅다 뛰었다. 그러다 옆 골목에서 튀어나온 중국집 오토바이와 정통으로 부딪혔다. 다리가 살짝 긁혔지만 큰 부상은 아니었다. 나는 가볍게 절뚝이며 집으로 돌아왔다.

사고가 난 당일에는 살짝 넘어진 정도의 통증만 있었는데, 다음 날이 되자 다리 상태가 뭔가 이상했다. 종아리 뒤쪽이 심하게 당기며 발뒤꿈치가 들렸다. 제대로 발걸음을 내딛으려 해도 절로 까치발이 되었다. 나는 바로 동네 병원에 가서 깁스를 했다. 4주 뒤, 깁스를 풀었지만 다리는 원래대로 돌아오지 않았다. 대학 병원에 가자 오토바이와 부딪히던 순간의 충격으로 다리 근육이 고무줄처럼 늘어났다가 수축했다고 했다. 원래대로 되돌릴 방법은 없었다. 나는 왼쪽 종아리 근육 하나를 잘라내는 수술을 받고, 초등학교 6학년 봄날 내내 병상에 누워 있었다.

병원에서는 정상적으로 활동을 하며 사는 것은 힘들다고 했다. 의사 선생님의 말처럼 나는 조금만 많이 걸어도 통증에 시달렸다. 수술한 왼쪽 다리에는 힘이 제대로 들어가지 않았으므로, 항상 아픈 쪽은 오른쪽 다리였다. 1.5배 이상의 무게를 받쳐야 하는 오른쪽 허리, 무릎, 발뒤꿈치, 발가락, 종아리가 돌아가며 아팠다. 몇 달간 발뒤꿈치가 뼈만 남은 것처럼 시려와 땅을 제대로 딛지 못했을 때에는 한의원에서 침을 맞고 두꺼운 양말을 신고 다니며 버텼다.

중학교에 입학하니 체력 측정이라는 것을 했다. 종목은 오래달리기였다. 기록은 수행평가에 반영한다고 했다. 1,200미터를 7분 이내에 통과해야 만점을 받을 수 있었다. 다리 근육이 하나 부족한 나에겐 무리였다. 하지만 내 몸 상태가 다른 아이들과 다르다는 사실을 드러내기 싫었다. 결국 무리해서 연습을 하다가 탈이 났고, 나는 용기를 내 체육 선생님을 찾아갔다.

이전에 사고로 인해 다리 수술을 했다고 말씀 드리고, 수행평가를 대체할 다른 방법이 없을지 여쭤보았다. 너만 특별히 봐줄 수는 없다는 답이 돌아왔다. 나는 휠체어를 이용하는 것도 아니었고, 지팡이를 짚고 다니지도 않았기 때문이다. 겉보기엔 잘만 걸어 다닌다는 이유로 다른 아이들과 똑같은 기준으로 시험을 봐야 했다. 선생님은 마지막에 한마디를 덧붙였다.

"너만 차별대우 안 해줘서 고맙지?"

체육 선생님은 다리가 아픈 내가 다른 사람과 똑같은 기준으로 오래달리기를 해야 하는 상황을 전혀 차별이라고 생각하지 않았다. 오히려 나에게만 특별한 기준을 적용하는 것이 차별대우라고 보고 있었다. 그리고 차별대우를 받는 소수자가 아니라 차별대우를 받지 않는 다수로 여겨주는 것을 오히려 감사한 일로 받아들이라고 말했다.

'평범해 보이는 특권'을 내려놓으면

김지혜 작가가 쓴 《선량한 차별주의자》에는 '평범해 보이는 특권'이라는 단어가 나온다. 평범해 보이는 특권이란 이를테면 이런 것이다. 결혼을 할 수 있는 사람은 결혼을 특권이라고 생각하지 않는다. 결혼을 할 수 없는 동성 커플이 나타나기 전까지는 말이다. 걸어 다닐 수 있는 사람은 걷는다는 것을 특권이라고 생각하지 않는다. 휠체어를 탄 사람을 만나기 전까지는 말이다.

그림책 《위를 봐요!》에서도 이 평범해 보이는 특권을 가진 수많은 사람이 나온다. 높은 건물에서 외롭게 밑을 내려다보는 아이, 수지는 교통사고로 다리를 잃었다. 길을 자유롭게 걷는 사람들은 수지에 비해 상대적으로 특권을 가진 집단이다. 그들에게 길을 자유롭게 걷는다는 것은 너무나 당연한 일이다. 그렇기 때문에 어딘가에 걷지 못하는 누군가가 있다는 생각조차 하기 힘들다. 거리를 지나가는 수많은 사람들 중 단 한 명도 수지가 있는 위를 올려다보지 않는다.

수지는 마음속으로 외친다. '모두 위를 봐요!' 그러던 어느 날, 기적적으로 한 소년이 위를 올려다본다. 소년은 처음에는 수지에게 내려다보지만 말고 직접 내려오라고 이야기한다. 길거리를 지나는 다른 많은 사람들처럼 말이다. 소년처럼 내가 다수에 속할 때, 우리는 상대방에게 나의 기준을 들이밀며 쉽게 이야기한다. 하지만 수지는 자신은 다리가 아파서 내려갈 수 없다고 대답한다. 그 이야기를 하기까지 수지는 아마도 많이 망설였을 것이다. 남들과 나는 다르다고, 네가 속한 다수에 나는 속할 수 없다고 말하는 아이의 심정은 어떨까? 그림책 속 하염없이 밑을 내려다보는 수지의 모습만 봐도, 그 마음이 어떤지 짐작할 수 있으리라.

그 이야기를 듣고 난 다음, 소년은 길에 드러눕는다. 그리하여 사람들의 머리통만 봤던 수지에게 온몸을 다 보여준다. 이 모습을 이상하게 생각한 사람들이 소년에게 왜 누워 있냐고 묻자, 소년은 수지 이야기를 전한다. 사람들은 하나둘씩 수지를 위해 길에 눕기 시작한다. 다리가 불편해 밖을 나갈 수 없는 수지는 거리로 내려가 사람들과 눈을 마주칠 수 없었지만, 길을 걸어가던 여러 사람들이 길에 눕는 약간의 수고를 감수하니 수지와 눈을 맞출 수 있었다.

수지가 원했던 바는 다른 사람과 똑같은 대우를 받는 것이 아니었다. 그저 누군가가 걸음을 잠시 멈추고 자신이 있는 위를 쳐다보고 눈을 맞춰주는 것. 수지가 원했던 것은 그뿐이었다. 내가 가진 일상적인 특권을 내려놓고, 주변을 둘러보며 그 특권을 갖지 못한 누군가를 위해 익숙한 질서를 깨는 다수가 있다면, 늘 흑백이던 수지의 세상에도 분홍 꽃이 피고 초록의 새싹이 자라날 수 있다.

'노오력'을 하라는 말의 폭력성

시간이 흘러 교사가 되고 난 뒤, 나는 내가 학생 시절 당했던 폭력을 똑같이 행사할 수 있는 위치에 서 있음을 알게 되었다. 아이들의 체력을 평가할 때, '팝스PAPS'라는 체력 증진 프로그램을 이용해야 했는데, 종목이나 평가 기준을 살펴보니 내가 중학생 시절 체력 측정을 할 때와 거의 비슷한 내용들이었다. 나는 중고등학교 시절 내내 체육 시험을 볼 때마다 일률적인 기준으로만 평가받던 것이 썩 내키지 않았는데, 20년이 지난 요즘도 달라진 게 거의 없었다. 게다가 우리 반에는 단백뇨로 고생하는 소정이가 있었다. 무리한 활동을 하면 혈뇨가 나오는 아이였다. 하지만 체력 평가 프로그램 안에는 이런 소정이를 위한 어떤 다른 기준도 마련되어 있지 않았다. 결국 소정이는 모든 종목에서 4, 5등급의 저체력 판정을 받았다. 저체력 판정을 받으면 교사는 무조건 2차, 3차 재측정을 통해 학생의 체력 증진 상황을 추적 관찰해야 했다. 그리고 학생은 조금이라도 등급을 끌어올려 다른 아이들과 비슷한 체력을 갖추기 위해 노력해야 했다. 나는 개인의 사정은 고려하지 않는 이런 방식의 평가가 폭력적으로 느껴졌다.

어찌할 수 없는 폭력 속에서 무력함을 느낄 무렵, 그림책

《다른 사람들》이 떠올랐다. 그림책에는 남들과 달리 거대한 몸집을 가진 아이가 나온다. 태어날 때부터 다른 아이들보다 조금 더 컸던 아이는 점점 자라기 시작하더니 어느 순간 몸이 빌딩만 해진다. 사람들은 이 아이를 '치유의 섬'이라는 곳으로 보낸다. 아이는 다른 사람과 비슷한 크기의 몸을 가질 때까지, 점점 더 작은 틀로 몸을 옮기며 몸 크기를 줄여간다. 제대로 누울 수도 없는 좁은 공간에 갇혀 발가벗은 채로 아이는 눈물을 흘린다. 이윽고 오랜 고통의 시간이 지나고 다른 사람들과 몸집이 비슷해진 아이는 드디어 집으로 돌아온다. 사람들은 몸이 작아진 소년을 보고 나서야 그를 다시 기쁘게 맞아준다.

다수가 세운 평균은 사회를 움직이는 기준이 된다. 그리고 그 기준 안에 들어오지 못하는 소수는 어떻게든 틀 안에 구겨 넣으려 한다. '치유의 섬'으로 보내진 아이는 몸을 가릴 수 있는 최소한의 천 조각도 없이 감옥처럼 생긴 틀 안에서 괴로워해야 했다. 그런데 이렇게 소수가 당하는 고통의 이유를 우리는 사회가 정한 기준에서 찾지 않는다. 대신 개인의 노력 부족으로 보는 시선이 보편적이다. "노력해도 안 되는데요"라는 말에 "그냥 노력하면 안 되지. '노오력'을 해야지"라고 답하는 사람들을 겨냥한 '노오력'이라는 말은 이제 보편적으로 쓰인다.

나는 학생 시절, 수많은 체육 평가에서 제대로 된 점수를 받기 위해 무릎이 돌아가고 발바닥이 쑤시는 고통을 오랫동안 감내했다. 사회생활을 하면서는 "젊은 사람이 그렇게 힘이 없어서 어디다 쓰냐", "운동 좀 하고 살아라" 하는 말을 듣지 않기 위해 억지로 등산에 참석하고 배구 대회를 나갔다. 남과 다른 내 모습을 말하지 못하고, 노력을 통해 다른 사람과의 차이가 보이지 않도록 하는 것이 중요했다. 그 과정에서 내 몸이 아프고, 괴롭고, 힘든 것은 중요한 문제가 아니었다.

《다른 사람들》에서 어른이 된 남자는 여느 날처럼 어딘지 조금 답답해 보이지만, 딱 맞는 옷과 구두를 신고 출근을 한다. 그러다가 거대한 그림자와 마주친다. 그 그림자를 올려다 보니 예전의 자신과 비슷한 몸집의 커다란 거인이 있다. 남자는 커다란 사람에게 그 누구보다도 힘껏 가방을 던지며 공격한다. 차별을 겪었던 사람이 차별당하는 사람의 마음에 공감해주지는 못할망정, 그 누구보다 그를 비난하는 사람이 되는 결말을 읽으며 나는 주인공 남자를 탓할 수 없었다. 다수 안에서 내가 얼마나 평균적인 인간인지를 증명하지 않는다면, 그 화살이 결국 다시 나에게 돌아올 것이기에 남자는 그 누구보다 거인에게 힘껏 가방을 던져야 했을 것이다.

소설가 무라카미 하루키는 이렇게 말했다. "높고 단단한 벽과 그 벽에 부딪혀 깨지는 달걀이 있다면, 저는 언제나 달걀 편에 설 것입니다." 다수에 속할 때 우리는 나 자신이 높고 단단한 벽이라고 착각한다. 하지만 우리 모두는 깨지기 쉬운 껍질 속에 담긴, 고유하고 대체될 수 없는 영혼이다. 나도, 너도 모두 달걀과 같은 존재라는 사실을 인식한다면, 최소한 누군가에게 배척당할까 봐 두려워 다른 누군가를 비웃거나 짓밟는 일은 없지 않을까. ◆ 이한샘

《위를 봐요!》 (정진호 글·그림, 현암주니어, 2014)
교통사고로 다리를 잃어 움직임이 자유롭지 않은 수지의 시선으로 전개되는 이 그림책은, 시종일관 수지가 아래를 내려다보는 구도에서 벗어나지 않는다. 수지의 세계가 흑백을 벗어나 자기만의 색을 찾아가는 마지막 장면이 가슴을 울리는 그림책이다.

《다른 사람들》 (미안 글·그림, 고래뱃속, 2019)
다르다는 이유만으로 사회의 끊임없는 핍박과 차별을 감내해야 하는 소년의 이야기를 다룬 그림책. '남들과 같은 사람'이 되어야 한다며 사회가 가하는 폭력이 얼마나 가차 없으며, 개인을 존중하지 않는지를 보여준다.

근육은 없지만 액티비티가 하고 싶어

"라켓 운동 해본 적 있나? 매일 죽을 만큼 연습할 게 아니면 나가는 게 좋을걸."

캐나다에서 교환학생으로 공부하던 시절, 교양 수업으로 신청한 스쿼시 수업에 처음 참석한 나에게 담당 교수님이 던진 첫마디다. 수업 첫날, 나는 수업에 참석한 학생들의 체구를 보고 깜짝 놀랐다. 아시아인과는 비교가 안 되는 거구의 서양 학생들만 와글와글 모여 있는 것이 아닌가! 여학생들도 거의 대부분 키가 180센티미터는 훌쩍 넘어 보였다. 다들 하도 체격이 좋아서 운동을 하는 체육과 학생들인가 싶을 정도였다. '내가 신청한 수업은 분명히 스쿼시 기초 수업인데……' 의아함에 고개만 갸우뚱거리는 나에게 교수님이 매몰찬 한마디를 던졌던 것이다. '라켓 운동? 동네 배드민턴은 쳐봤습니다만…… 배우려고 온 건데 그냥 나가라고요?'

교수님의 한마디에 오기가 생긴 나는 수업을 옮기기는커녕 다음 수업 때 내 실력과 엇비슷한 친구를 한 명 더 꼬드겨서 보란 듯이 데리고 갔다. 친구와 나는 죽을 만큼은 아니지만, 즐길 만큼은 연습했다. 시간이 나면 종종 캐나다에서 친하게 지내던 친구들과 모여서 스쿼시를 쳤다. 우리나라에서 동네 배드민턴을 치듯 캐나다의 동네 스쿼시를 즐겼다. 교내의 스쿼시장을 마음껏 이용할 수 있어서 좋았다.

스쿼시는 탄성 있는 작고 검은 공이 온 사방의 벽에 탕탕 튕겨서 돌아오는 것이 매력적인 운동이었다. 힘이 좋은 친구들은 공을 라켓으로 바닥에 탕탕탕 몇 번 내리쳐서 따뜻하게 달군 뒤에 스쿼시를 시작했다. 열을 받아 탄성이 생긴 공은 앞쪽 벽을 맞고 곧바로 되돌아오기도 했고, 옆벽을 맞고 오기도, 뒷벽까지 튕겨졌다 되돌아오기도 했다. 어디로 튈지 모르는 얄미운 공을 잡으러 쉴 새 없이 뛰어다니다 보면 시간 가는 줄을 몰랐다. 나는 스쿼시 하는 재미에 푹 빠져서 교수님이 내주시는 과제도 열심히 제출하고, 하루도 빠지지 않고 수업에 출석했다.

그렇지만 결과는 냉정했다. 그토록 재밌게 배운 스쿼시로 나는 난생처음 F학점이란 걸 받아봤다. 'F라니!?' 성적표를 확인하며 어안이 벙벙했다. 물론 내가 스쿼시를 '잘' 못친다는 사실은 인정할 수 있었다. 그래도 지각 한 번 안 하고, 과제도 성실히 했고, 나름 연습도 꾸준히 했는데! 동네 스쿼시 모임에서는 친구들과 재미있게 '잘' 쳤는데! F라니 너무하잖아요, 교수님. 한 학기 동안 먼 타국 땅에서 들인 공이 'Fail'로 돌아왔다는 사실이 기가 막혔다. 캐나다는 노력한 학생에 대한 최소한의 배려도 없는 나라인가? 아니, 첫 수업 때 교수님이 나에게 던진 경고를 무시한 벌인 것도 같았다.

**어마어마하게 멋진 것을 찾을 때까지,
일단 파보자!**

이런 상황에 위로가 되어줄 만한 그림책으로 《샘과 데이브가 땅을 팠어요》만 한 작품이 없다. 책의 시작에서부터 샘과 데이브는 땅을 파기 시작한다.

"어마어마하게 멋진 것을 찾아낼 때까지 파야 해.

그게 우리의 사명이야."

그림책 표지에 그려진 그림처럼 두 사람은 정말 열심히 땅을 판다. 샘과 데이브는 파고 파고 또 파고들어 땅속 깊숙한 곳까지 내려간다. 하지만 이들은 다짐했던 대로 '어마어마하게 멋진 것'은 찾아내지 못한다. 분투하며 땅을 파내려가는 이들의 이야기를 읽는 독자들은 이 두 사람이 그저 안타까울 따름이다. 왜냐하면 샘과 데이브는 어마어마하게 멋진 보석을 바로 근처에 두고, 자꾸만 엄한 곳만 파고들어가기 때문이다. 샘과 데이브가 땅 파는 방향을 틀기 직전, 반짝이는 보석이 그들 옆에 있다는 사실은 독자들만 알 뿐이다.

나는 타고나길 물렁살로 태어났다. 작정하고 이를 악물고 운동하면 근육이 안 만들어질 리는 없겠지만 그렇게까지 운동을 할 깡다구는 없다. 그러면서도 나는 내 몸과 어울리지 않게 근력이 필요한 액티비티를 좋아한다. 마침 나와 취향이 똑 닮은 친구가 우리가 환장하는 온갖 활동적인 액티비티들을 한데 모아놓은 '프립Frip'이라는 앱을 발견했다. 우리는 물 만난 고기처럼 프립 구석구석을 탐색하기 시작했다. 앱 안에는 러닝부터 클라이밍, 폴댄스, 서핑, 플라잉요가, 등산, 패러글라이딩, 스쿠버다이빙까지 우리가 하고 싶었던 액티비티가 다 모여 있었다. 원하는 액티비티를 클릭해서 참가 신청을 하고, 약속 장소에 나가기만 하면 되었다. 우리는 하고 싶었던 활동을 몽땅 주워 담았다. 정말이지 짜릿했다.

다만 문제가 있었다면 참여 신청을 한 그 어떤 액티비티도 내가 제대로 소화하지는 못했다는 사실이다. 어디 가서 당당하게 "저 클라이밍 해요", "저 서핑해요"라고 말하지 못하는 슬픈 나의 몸뚱이여. 액티비티를 마친 나의 소감은 항상 "너무너무 재미있다"였지만, 언제나 굳은 다짐이 이어졌다. '(근력이 없어서 제대로 즐기진 못했으니) 다음에는 꼭 근력을 키워서 다시 돌아오리!'

샘과 데이브가 땅을 파는 방향을 자꾸 바꿔서 어마어마하게 멋진 것을 놓친 것처럼 어쩌면 나도 자꾸 운동 종목을 바꿔서 근력이 늘지 않았던 것인지도 몰랐다. 문득 액티비티를 하나라도 꾸준히 해야겠다는 생각이 들었다. 그런 생각을 했을 무렵, 마침 집 근처에 플라잉요가 센터가 새로 생겼다. 플라잉요가가 우리나라에 처음 보급되던 시기였다. 플라잉요가를 하면 해먹 위에서 그네를 타듯 가볍게 무중력의 공간을 느낄 수 있을 것이라는 환상에 사로잡혔다. '바로 이거야!' 나는 플라잉요가만은 길게 해보리라 마음먹고 센터로 가서 2년을 장기 등록했다. 물론 상상과 현실은 아주 달랐다. 나의 상상 속 해먹은 폭신하고 탄성이 좋아 나를 감싸줄 수 있는 포근한 공간이었다. 그러나 현실은 참혹했다.

생각보다 빳빳한 해먹에 내 허벅지를 끼워 넣고 한 바퀴를 돌린 뒤 공중에서 버티는 '다빈치 동작'이 플라잉요가의 기본 동작인데, 그걸 하다 보면 그야말로 주리를 틀리는 듯한 느낌이었다. 그뿐인가. 거울에 비친 내 모양새는 실에 묶여 터지기 일보 직전인 오동통한 햄 덩어리 같았다. 나는 허벅지가 그나마 덜 조이게 까치발로 간신히 버티거나, 해먹에서 빠져 나오기 바빴다. 문제는 그 동작을 기초로 더욱 다채롭고 심화된 플라잉요가 동작을 배울 수 있다는 사실이었다.

플라잉요가를 배우는 2년 내내 나의 최대 목표는 언제나 다빈치 동작 잘 버티기였다. 처음에는 친절하신 선생님께서 나를 어떻게든 해먹에 감아놓고 들어 올려주려고도 하셨지만, 몇 달이 지나도 내가 기본 동작을 해내지 못하자 나중엔 그냥 포기하셨다. 남들이 점차 해먹에서 묘기를 부릴 때에도 나는 혼자서 다빈치 동작만 열심히 했다. 나의 플라잉요가 실력이 처음 수업을 들은 날과 마지막 날이 똑같았다면 너무 슬프려나.

그러나 남들이 보기엔 그저 똑같은 다빈치 동작에 머물 뿐이었지만 나에게는 매번 그 느낌이 새로웠다. 내가 느낄 수 있는 고통의 한계점을 넘어서 다리가 떨어져 나갈 것 같은 날도 있었지만, 발가락 끝까지 찌릿하게 오는 전율이 참을 만하게 기분 좋은 날도 있었다. 열 번에 한 번 정도 그런 날이 오면 날아오를 듯이 뿌듯했다. 다빈치 동작 이후에 배우는 심화 동작들은 다리가 떨어져 나갈 것 같은 그 고통을 몇 번 더 참아내면 할 수 있다지만 그 고통을 인내할 오기가 부족해서 나의 실력은 언제나 거기에서 멈췄다. 그럼에도 불구하고 그저 가끔씩 찾아오는 성취감이 뿌듯해서, 조금씩 내 감각이 깨어나는 것이 신기해서 플라잉요가 센터에 2년을 신나게 다녔다. 그렇게 아프고, 그렇게 못하는 데도 왜 재미있는 거냐고요! 남들이 보기엔 우스웠겠지만 난 그냥 재미있었는걸요.

그런 내가 이상한 걸까? 왜 나는 내가 잘하지도 못하는 것들에 오기를 부리고, 실패해도 재미있다면서 자꾸만 달려드는 걸까? 왜 내 실력으로는 감당할 수 없는 액티비티에 나는 집착하는 것일까? 내가 좋아하는 운동을 잘하는 사람들을 살펴보면 모두들 탄탄한 몸매의 소유자들로 누가 봐도 운동을 꾸준히 한 느낌이 물씬 풍겼다. 근력이 탄탄해서 어떤 것을 시도해도 무난하게 잘 소화할 수 있는 사람들이 부러웠다.

어마어마하게 멋진 것을 찾다가 지쳐버린 샘과 데이브는 쉬다가 까무룩 잠에 빠진다. 잠 속에서 아래로, 아래로 떨어지고 보니, 어느덧 부드러운 흙 위에 털썩. 처음 땅을 파기 시작했던 지점이다. 그동안 팠던 구덩이는 흔적도 없이 사라졌다. 샘과 데이브가 털썩 주저앉은 땅이 마치 좀처럼 늘지 않는 나의 운동 실력, 근육이 늘어나지 않는 나의 몸뚱이 같다. 얼굴과 몸에 흙먼지가 까맣게 묻은 둘이 동시에 말한다.

"정말 어마어마하게 멋졌어."

그림책을 읽던 나도 함께 말한다.
"정말 어마어마하게 멋졌어."

나에게 어마어마하게 멋진 것,
그거면 충분해

샘과 데이브의 마지막 말 한마디에 나는 크게 위로를 받았다. 도대체 샘과 데이브는 무엇이 멋졌다는 것일까? 애초에 그들에게 '어마어마하게 멋진 것'은 보석이 아니었을지도 모른다. 그 장면을 바라보는 독자만 안타까운 마음에 마음이 벌렁거렸을 뿐, 그 누구도 어마어마하게 멋진 것이 보석이라고 말한 적은 없다. 샘과 데이브는 '땅을 파는 행위' 자체를 즐겼다. 그들에게 어마어마하게 멋진 것은 함께 땅을 파는 '과정' 그 자체였던 것이다. 친구와 함께 땅을 파고, 간식을 먹고, 잠이 들었던 그 순간들 말이다.

그렇다면 왜 우리는 '보석'을 '어마어마하게 멋진 것'으로 판단해버린 걸까? 결과를 바라는 일에 너무나 익숙해져 있어서 바로 눈앞에 보이는 결과인 '보석'을 당연하게 기대했던 것은 아닐까? 어른이 될수록 우리는 나의 시간과 돈을 들여서 무언가를 했을 때 그에 상응하는 '결과'를 얻기를 기대한다. 전반적으로 그러한 사회적 분위기 때문에 어릴 때부터 '결과'에 집착하는 아이들도 많다.

"선생님, 이거 잘하면 뭐 해줘요?"

교실에서 아이들에게 뭔가를 시키면 자연스럽게 물질적인 보상을 바라는 아이들이 적지 않다. 나는 땅을 파내려가던 샘과 데이브처럼 아이들이 과정의 즐거움을 알았으면 좋겠다. 자기만의 '어마어마하게 멋진 것'을 발견하면 더욱 좋겠고.

그렇다면 나에게 어마어마하게 멋진 것은 무엇이냐고? F학점을 받은 나의 스쿼시 이야기로 다시 돌아가자. 학점은 엉망이었지만, 나는 여전히 스쿼시가 재미있다. 그 이후로도 귀국 직전까지 캐나다 친구들과 스쿼시를 즐겼다. 우리나라에 돌아와서도 스쿼시를 계속 하고 싶어서 캐나다에서 대한민국 서울

강서구 가양동의 동네 스쿼시장을 미리 검색했을 정도였으니 말 다했다. 그렇다면 플라잉요가는? 아직도 그때의 그 주리를 트는 듯한 자극이 그리워서 가끔씩 동네의 플라잉요가 센터들을 기웃거린다. "회원님은 기초 요가부터 듣고 오셔야 할 것 같은데요"라는 말을 여전히 듣는 신세이지만. 선생님, 저는 기초 요가는 싫은데요, 그냥 플라잉요가가 좋은걸요.

나에게 어마어마하게 멋진 것은 새로운 '경험' 그 자체다. 결과는 어떻든 상관없다. 즐거움, 뿌듯함, 설렘, 재미, 두근거림, 기대감, 긴장감, 터질 듯한 마음, 짜릿함, 자신감…… 중 하나만 얻어도 그만 아닌가! 그러고 보니 남편과는 결혼 전에 근력을 키우겠다고 야심차게 클라이밍도 했더랬다. 클라이밍이 몸이 가볍고 근력이 좋아야 잘할 수 있는 운동인지도 모르고 말이다. 클라이밍을 시작한 그해 크리스마스에는 잘 해보자는 의지를 불태우며 남편과 클리이밍화까지 선물로 주고받았지만, 새 신발을 신자마자 내가 공중에서 똑 떨어지는 바람에 발목을 삐고는 그만두었던 운동. 신발장 구석에 처박힌 클라이밍화가 그사이 가벼워지기는커녕 더욱 묵직해진 우릴 보고 웃는 듯하다. 안 되겠다. 오늘은 클라이밍을 하러 나서볼까? ◆ 김설아

《샘과 데이브가 땅을 팠어요》

(맥 바넷 글, 존 클라센 그림, 서남희 옮김, 시공주니어, 2014)

아이들이 좋아하는 '땅을 파는 행위'를 통해 결과에 연연하지 않고 무언가에 몰두하는 아름다움을 그린 그림책이다. '어마어마하게 멋진 것'을 찾기 위해 땅을 파기 시작한 샘과 데이브가 자꾸만 보석을 빗겨가는 장면을 보는 독자들은 아슬아슬한 마음으로 책 속에 몰입하게 된다. 그런데 정말 '어마어마하게 멋진 것'은 보석이었을까? 보석을 찾는 일에 실패한 샘과 데이브가 얼굴과 몸에 흙먼지를 묻힌 채 말한다. "정말 어마어마하게 멋졌어!"

오늘도 내가 달리는 이유

양쪽 허벅지에 힘을 단단히 준 채 몸을 앞으로 살짝 기울이고 주먹을 꽉 쥐어 출발 준비를 했다. '엄마, 아빠, 할머니, 고모까지 모두 다 나를 보고 있어.' 가슴이 두근두근 뛰었다. 오늘은 최선을 다해 달리겠다고 다짐하고 모든 신경을 집중했다. 언제 들어도 가슴 뛰는 신호총 소리 탕! 온 힘을 다해 팔다리를 휘둘러 모래 먼지를 일으키며 운동장을 달렸다. 그러나 순식간에 옆에 있던 친구들이 하나둘 내 앞을 앞질렀다. 퀴퀴한 모래 먼지만 잔뜩 마신 채 온 가족이 구경을 온 운동회 달리기 경기에서 나는 6년 내내 늘 꼴등이었다.

꼴등 꼬리표는 거기에서 그치지 않았다. 이번에는 체력장이 기다리고 있었다. 달리기는 아무리 열심히 뛰어도 50미터에 11초로 항상 5등급이었고, 윗몸일으키기는 있는 힘을 다 끌어모아 배를 퉁겨 올려도 1분에 20개가 최선이었다. 철봉 매달리기는 또 어떠했냐고? 두 다리를 받쳐주는 의자를 빼자마자 종잇장 같은 몸이 털썩하는 소리를 내며 철봉에서 떨어지기 일쑤였다. 당연히 철봉 매달리기 기록은 0초. "철봉에 매달려 버티는 게 가능하기는 한 거야?"라며 볼멘소리를 했지만, 20초씩 버텨내는 친구들도 여럿 있었다.

나는 '운(동을) 포(기한) 자'였다. 몸을 쓰는 일이라면 줄넘기 말고는 어느 하나 잘하는 게 없었던 나는 계속되는 실패의 기억들로 운동의 '운'자만 들어도 고개를 절레절레 젓는 사람이 되었다. "숨 쉬는 것도 운동이지"라고 뻔뻔하게 얘기하며 운동과 담을 쌓은 지 어언 10년. 영원히 늙지 않을 줄 알았던 내 몸에도 빨간불이 들어오기 시작했다. 하루에 적어도 10시간 이상 딱딱한 의자에 앉아 공부를 하던 임용고시생 시절, 허리와 골반이 버티질 못하고 뼈가 쑤시듯 아팠다. 추운 겨울이 아닌데도 무릎 관절은 시렸고, 혈액순환이 잘되지 않았는지 밤이 되면 탱탱 부은 발이 신발에 들어가지 않아 신발 뒤축을 꺾어 신어야만 했다. 심지어 발목을 돌릴 때마다 우두둑우두둑 뼈에서 소리가 났다.

　몸을 다 버려가며 치렀던 중요한 시험이 끝나고 1년여 만에 영화관에 간 날. 급기야 나는 시험이 끝났다는 자유도 제대로 만끽하지 못한 채, 1시간 만에 영화 관람을 포기하고 밖으로 나와야만 했다. 고정된 자세로 영화관 의자에 앉아 있으려니 무릎이 쑤시기 시작했던 것이다. 발목을 조금만 움직여도 고요한 영화관에 뚝뚝 뼈가 꺾이는 소리가 퍼졌고, 종아리는 딱딱한 무처럼 굳어갔으며, 온몸이 찌릿찌릿 저려오니 어쩔 도리가 없었다. 1시간을 제대로 앉아 있지도 못하는 몹쓸 몸이 되어버린 것이다.

'운포자'가
'달리는 사람'이 되기까지

　몸이 그렇게까지 되고 나자 불안감이 엄습했다. 내 몸이 이런 식으로 퇴화하다가 나이가 들어서는 내내 누워서만 지낼지도 모른다는 걱정이 찾아들었다. 저 먼 발치에 나 몰라라 하고 던져두었던 운동을 내 삶 속으로 데려와야 할 때가 온 것이다. 나는 더 이상 물러설 수 없다는 생각에 하체의 혈액순환에 좋은 운동에는 뭐가 있는지 열심히 찾아보기 시작했다. 요가나 필라테스는 덜컥 등록을 하자니 비용이 부담스러웠다. 내가 의지를 갖고 끈기 있게 할 수 있을지도 의심스러웠다. 여러 가지 운동을 찾아본 끝에 나는 가볍게 시작할 수 있는 걷기부터 우선 해보기로 마음먹었다.

처음에는 내가 살고 있는 휘경동에서 근무지인 홍릉초등학교까지 왕복 4킬로미터 거리를 걸어 출퇴근하는 것으로 시작했다. 30분을 걸어서 출근한 첫날에는 체력 소모가 컸는지 종일 피곤에 절어 몽롱한 하루를 보냈다. 그렇게 일주일을 걷고 나니 몸이 적응을 했는지 피곤하지 않았다. 이주일 정도가 지나니 아침 공기의 상쾌함을 알게 되었고, 더불어 아침부터 무엇인가 해냈다는 성취감도 들기 시작했다. 한 달 후엔 출퇴근을 하며 1시간 걷는 것으로는 운동량이 부족하게 느껴졌다. 그때부터 나는 매일 저녁, 집 앞에 있는 중랑천으로 나가 걷기 시작했다. 중랑천을 걸으며 주변을 둘러보니 걷는 사람들도 있었지만, 온몸이 땀범벅이 되도록 달리는 사람들도 눈에 들어왔다.

달리는 사람들을 볼 때면 자연스럽게 떠오르는 그림책이 하나 있다. 나혜 작가의 《달리기》다. 《달리기》는 글 없는 그림책으로 책의 처음부터 끝까지 등장인물들이 달리기만 한다.

책의 앞부분에는 '준비, 탕! 달려!' 소리와 함께 책의 양쪽 면을 꽉 채운 사람들이 달리기를 시작하는 모습이 담겨 있다. 사람들의 등, 뒷다리를 번지게 표현하여 빠르게 달리는 장면을 역동적으로 그려낸 점이 인상적이다. 쫙쫙 찢어진 다리와 높게 쳐든 팔꿈치로 짐작하건대 사람들은 온 힘을 다해 달리는 듯하다. 그런데 허들 정도는 가뿐하게 넘어버리는 이 사람들 앞에 갑자기 낭떠러지가 나타나고 사람들은 급하게 멈춰 선다.

그렇다면 이 사람들은 이쯤에서 달리기를 포기할까? 천만의 말씀. 달리던 사람들이 하나둘 낭떠러지 아래로 뛰어내린다. 낭떠러지 아래 바다에는 매섭게 파도까지 치고 있지만 사람들은 멈추지 않고 달린다. 그게 다가 아니다. 사람들 앞을 가로막는 높은 벽이 나타나도 망설임 없이 벽을 뛰어오른다. 이쯤 되면 이런 질문이 떠오른다. 이 사람들은 무슨 이유로 이렇게 열심히 달리는 것일까? 중랑천에서 땀범벅이 되도록 뛰는 이들을 보며 나는 같은 질문을 던지곤 했다. '이 사람들은 대체 무슨 이유로 저렇게까지 땀을 흘리며 달리기를 하는 걸까?'

어느 한여름의 저녁, 그날도 중랑천을 걷고 있었다. 조금 걷기 시작하니 등에 땀방울이 송골송골 맺히기 시작했다. 그때 중랑천에서 시원한 바람이 솔솔 불어오더니 내 땀을 씻겨줬다. 몸에 차 있던 노폐물과 나쁜 기운까지 씻겨 나가는 기분이었다. 나를 씻기는 그 바람을 좀 더 느끼고 싶었다. 그때 등 뒤에서 "지나갈게요" 하는 소리가 들렸다. 뒤를 돌아보니 야광봉을 든 사람을 선두로 열댓 명의 사람들이 그 뒤를 따라서 달리고 있었다. 나도 어물쩍 그 뒤를 따라 걷는 듯 뛰는 듯 살짝 속도를 높여보았다. 순간, 온몸에 찰싹 달라붙는 시원한 바람이 나를 감쌌다. 어릴 적 운동회에서 달리기 경기를 하며 맞닥뜨렸던 모래바람과는 다른 느낌이었다. 이들이 땀까지 흘리며 달리는 이유를 몸으로 단번에 이해했다.

나도 그 사람들처럼 달려보고 싶었다. 운포자에서 파워 워킹을 하던 사람이 달리는 사람으로 다시 한 번 진화하는 순간이었다. 그날 이후로 나는 걷다가 다리가 충분히 가벼워졌다는 생각이 들면 '노래 한 곡이 끝날 때까지만 달려보자' 같은 작은 목표를 세워서 달려보았다. 가슴이 벌렁벌렁 뛰고 숨이 조금 차올라도 다리 근육에 뻐근한 신호가 오는 것이 느껴지니 비로소 내가 제대로 운동을 하는 것 같았다. 말로만 듣던 인터벌 러닝이라는 것을 내가 하고 있었다. 더 오래 달려보고 싶다는 욕심이 들기 시작했고, '노래 한 곡이 끝날 때까지만'은 '두 곡이 끝날 때까지만', '세 곡이 끝날 때까지만'으로 발전해나갔다.

함께 달리기에 가능한 것들

그림책 《로지가 달리고 싶을 때》에서 주인공인 로지는 경주견이다. 로지는 경기에서 매번 1등을 차지하지만 행복하지 않다. 로지는 누군가가 경기를 보러 왔을 때에만 달릴 수 있을 뿐, 경기가 끝나면 다시 차가운 철장에 갇혀버리는 신세이기 때문이다. 그러던 어느 날, 로지는 경기 중 높이 날아올라 울타리를 훌쩍 넘어버린다. 처음으로 로지가 자신의 의지로 선택을 하는 순간이다. 로지가 온몸을 쫙 펼치며 울타리를 넘는 장면은 두 페이지에 걸쳐 표현되는데, 마치 영화의 슬로 모션처럼 보이기도 한다.

경기장 울타리를 뛰어넘어 자신이 달리고 싶은 곳을 향해 달려가는 로지는 더 이상 남이 시키는 대로 달리지 않는다. 발에서 온전히 전해지는 풀의 촉촉함도 느끼고, 낯선 꽃들의 냄새도 맡아보고, 사람들이 왁자지껄 떠드는 소리를 배경음악 삼아 달린다. 그리고 함께 뛰어놀 수 있는 친구들도 만나게 된다. 경기장을 탈출한 로지는 행복하다. 경기장 트랙을 달릴 때에는 오로지 토끼 모형과 사람들의 함성에 흥분한 채 앞만 보고 달렸다면, 울타리를 뛰어넘은 후의 로지는 다리가 아픈 친구 개가 뒤처지면 기다렸다가 함께 달릴 줄도 알게 된다.

나도 어느새 로지처럼 내 선택으로 달리는 사람이 되었다. 바람을 가르는 즐거움을 맛보게 되자, 나는 노래 세 곡이 끝나는 시간보다 더 길게 달려보고 싶었다. 나는 겁도 없이 덜컥 마라톤 대회에 참가 신청을 했다. 대회에 참가 신청을 하고 나서야 걱정이 되기 시작했고, 참가를 포기할지도 모를 박약한 내 의지를 잡아줄 누군가가 필요했다. 나는 다수의 마라톤 대회에 참여해 온 지인을 설득해 함께 중랑천 러닝 크루 '이Run 이Run'을 결성했다. 그리고 매주 한 번씩 중랑천에 모여 달리기를 하기 시작했다.

함께 달리기를 시작하고 나서 제일 먼저 한 일은 잘못된 자세부터 고치는 것이었다. 앞으로 박차고 나갈 듯이 굽은 상체를 곧게 세우고 어깨에 힘을 뺐다. 양손은 계란을 쥔 것처럼 살짝 오므리고, 양팔은 한자 八(팔) 모양으로 가볍게 흔들었다. 무릎에 모든 하중이 실리지 않도록 무릎은 낮게 들어 올렸다. 함께 달릴수록 달리기 자세가 점점 좋아졌다. 가장 신경 썼던 것은 호흡이었다. 호흡법을 모르고 달리기를 했을 때에는 달리는 내내 만성비염에 걸린 사람처럼 콧물이 멈추지 않고 줄줄 흘러서 30초에 한 번씩 소매를 잡아끌어 코를 닦아야 했다. 그런데 호흡을 코로 두 번 마시고, 입으로 두 번 내쉬었더니 콧물이 나지 않았다. 흡흡, 후후. 흡흡, 후후. 콧물을 사라지게 한 마법의 호흡법이다.

자세와 호흡법만 좋아진 것이 아니었다. 다리가 무거운 날에도 옆에서 페이스를 잡아주는 크루원이 있었기 때문에 뒤처지지 않고 일정한 속도로 달릴 수 있었다. 크루원들과 달리는 목표 거리를 일정한 주기로 1킬로미터씩 늘려가며 달리기를 했는데, 포기하고 싶은 순간이 와도 혼자만 멈출 수 없었기에 어떻게든 끝까지 달려 목표 거리를 채웠다. 그런 훈련들이 계속 누적되다 보니 어느덧 30분 정도는 쉬지 않고 거뜬하게 뛸 수 있는 체력이 생겼다.

10킬로미터의 도전
그리고 가슴 벅찬 성취

드디어 여의도 한강공원에서 열린, 온에어 마라톤 10킬로미터에 도전하는 날이 밝았다. 가만히 있으면 차가운 공기 때문에 어깨가 절로 움츠러드는 11월의 아침, 내 마음은 '끝까지 달릴 수 있을까?' 하는 걱정으로 가득했다. 햇빛 하나 들지 않는, 구름이 가득 낀 하늘이 꼭 내 마음 같았다. 여의도 한강공원에 도착하자 몇 백 명의 사람들이 모여 시끌벅적하게 마라톤 준비를 하고 있었다. 그 모습을 보자 처음 해보는 경험에 두근두근 설레기 시작했다. 번호표를 티셔츠 앞에 부착하고 준비 운동을 한 후 출발선 앞에 섰다. 출발 신호가 울리고 나자 몇백 명의 사람들이 큰 소리로 파이팅을 외치며 달리기 시작했다. 활기찬 분위기에 나도 모르게 흥분이 되었는지 평소보다는 빠르게 1킬로미터를 5분 20초에 주파했다. 지금까지의 기록 중 최고 기록이었다. '이렇게 뛰다가 오늘 1등 하는 거 아니야?' 하는 근거 없는 자신감까지 샘솟기 시작했다.

하지만 시작의 희열도 잠시, 5킬로미터 지점을 통과한 이후로는 그만두고 싶다는 생각이 계속 치밀어 올랐다. 머릿속에는 '언제 끝나지'라는 생각이 가득 찼다. 누군가가 나에게 "이제 그만 멈출까?"라고 말했으면 나는 기다렸다는 듯이 배시시 웃으며 "그럴까?"라고 대답하고 걸어갔을지도 모르겠다. 그때부터는 내 안의 나약함과의 싸움이었다. 몸과 마음은 계속 포기하자고 말을 걸어왔지만 머릿속으로는 완주해야 한다는 생각으로 계속 정신을 다잡았다. '이제 반밖에 안 남았어.'

8킬로미터 지점에서 고비가 다시 한 번 찾아왔다. 난생처음 8킬로미터 이상을 달리는 중이었으니 결코 쉬운 일이 아니었다. 달리는 중에 다리 근육이 온통 딱딱해졌고, 숨은 목구멍 끝까지 찼다. '더 이상 못하겠어.' 그때, 내 옆에서 달리던 생판 모르는 사람이 "파이팅!"이라고 크게 외치며 달려갔다. 그랬더니 옆에 있던 다른 사람들도 "파이팅!" 하며 되받아쳤다. 차갑기만 하던 초겨울의 공기가 사람들의 응원 소리로 따뜻하게 데워졌다. 덩달아 내 안의 피도 뜨겁게 달아올랐다. 나는 스스로에게 응원의 목소리를 던졌다. '김미주, 파이팅!'

드디어 9킬로미터 지점. 5분만 더 달리면 끝이라는 생각에 마지막 1킬로미터는 희망을 연료로 삼아 달렸다. '이제 정말 다 왔다!' 54분에 걸친 나와의 긴 싸움 끝에 나는 중간에 한 번도 멈추지 않고 도착점까지 달렸다. 도착점에 들어오는 나에게 이미 도착해 있던 사람들이 큰 박수를 쳐주었다. 내 몸을 쉬지 않고 움직여 10킬로미터를 달려왔다니! 포기하고 싶은 마음을 끝끝내 다잡으며 나는 육체와 정신의 나약함으로부터 승리를 이뤄냈다. 온몸에 전율이 흘렀다.

1등이 아니어도 괜찮아

그림책 《달리기》에서 절벽을 뛰어내리고 바다 위에서까지 달리던 사람들의 마지막은 어떤 모습일까? 사람들이 드디어 선두를 따라 줄줄이 도착점에 들어온다. 그다음 장면에서 세

명의 사람이 보이는데, 이들의 머리 위로 종이 꽃가루가 휘날린다. 아마도 이 경기의 주인공인 1, 2, 3등이리라. 단상에 오른 이 세 사람의 기분은 어떠할지 상상하며 다음 장을 넘기면 '이럴 수가!' 하며 탄성을 내지르게 하는 반전이 기다리고 있다. 도착점에 들어온 모든 사람이 1이라고 써진 단상 위에 올라가 있는 것. 완주한 모두가 승리자라는 메시지가 놀랍다 못해 뭉클했다.

어린 시절 꼴등의 퀴퀴한 기억들로 운동과 담을 쌓은 나는 그동안 운동의 즐거움을 느끼지 못하며 살았다. 그러다가 몸이 보낸 빨간 신호로 걷기와 달리기를 시작하게 되었고, 이젠 승부와 상관없이 단단한 두 다리로 달릴 때의 시원한 바람을 즐기는 사람이 되었다. 달리고 난 후엔 숨이 가쁘고, 심장박동 소리가 귀까지 들릴 듯 쿵쿵대지만 해냈다는 쾌감과 기쁨을 느끼기 위해 오늘도 나는 운동화를 단단히 조여매고 문을 열고 나선다.

달리기를 경험하기 전의 나는 《로지가 달리고 싶을 때》의 로지를 보러 경기장에 온 사람들처럼 오직 1등이 아니면 의미가 없다고 여겼었다. 하지만 마라톤에서 중요한 것은 옆 사람을 제치고 빨리 도착점으로 달려가는 것이 아니라, 도착점에 가겠다는 목표를 포기하지 않는 것임을 배웠다. 흔히 인생을 마라톤이라고 표현하는데, 이젠 인생의 마라톤에서도 나와 남을 비교하고 누가 더 앞서는지를 재기보다는 내 속도가 때로는 느리더라도 쉽게 포기하지 말자고 다짐해본다. 어린 시절로 돌아갈 수 있다면 그때의 좌절했던 나에게 꼭 이렇게 말해주고 싶다.

"잘 뛰었어. 1등이 아니어도 괜찮아." ◆ 김미주

《달리기》 (나헤 글·그림, 이야기꽃, 2019)
출발 신호에 맞춰 사람들이 달려 나간다. 절벽 앞에서도, 파도 치는 바다 위에서도 그들은 달리기를 멈추지 않는다. 모든 역경을 뛰어넘으며 달리는 사람들은 대체 어디를 향해 달리는 걸까? '달리기'라는 은유를 통해 삶의 의미를 되돌아보게 하는 그림책이다.

《로지가 달리고 싶을 때》
(마리카 마이얄라 글·그림, 따루 살미넨 옮김, 문학동네, 2020)
이름이 아닌 '2번'으로 불리는 로지는 모형 토끼를 쫓아 달리는 경주견이다. 어느 날 로지는 울타리를 뛰어넘어 경기장을 탈출한다. 로지는 앞으로 어떤 곳을 달리게 될까? 트랙 위의 '2번' 개가 '달리고 싶을 때 달리는 로지'가 되기까지의 용기 있는 여정을 담은 그림책이다.

2장

그림책 이해와 공감의 매개체

먹고사는 일에 관하여

평생 책상 앞에서 사무직으로 일했던 아빠는 퇴직 후 여러 가지 사업을 벌였다. 먼저 자그마한 야산을 매입해 장뇌삼 농장을 시작했다. 아빠는 내가 쓰던 보라색 스카우트 침낭과 코펠을 가지고 깊은 산속에서 텐트 생활을 하며 봄가을 내내 인삼 밭을 돌봤다. 비가 많이 와도, 해가 많이 나도 제대로 수익을 내지 못했다. 그 후에는 고시원을 운영하다 사기를 당했다. 고시원 총무가 천만 원이 넘는 돈을 들고 잠적했다. 경찰에 신고했지만 몇 년이 지나도 잡지 못했다. 아빠는 당시 어린 학생이었던 나에게 단 한 번도 도움을 요청한 적이 없었다. 자영업

이 만만치 않다는 것은 알았지만, 아빠가 왜 힘든지, 어째서 고달픈지 나는 어렴풋이 짐작만 할 뿐이었다.

세월은 흘러서 어느덧 나도 아빠처럼 먹고사는 일을 내가 스스로 책임져야 하는 성인이 되었다. 어느 날, 12시가 다 되어 가던 늦은 밤에 남편과 간단한 야식을 먹고 싶어 집을 나섰다. 자정에 가까운 시간이라 술집을 제외한 일반 가게들은 거의 다 문을 닫았는데, 빵집 문이 그때까지 열려 있었다. 남편과 나는 가게에 얼른 들어가 매대에 놓인 빵을 집어 들고 계산대로 갔다. 퇴직 후 빵집을 차리신 것 같은 나이 지긋하신 할아버지가 계산을 해주셨다. 우리는 조금이라도 저렴하게 빵을 사먹기 위해 쿠폰을 꺼내 할아버지께 건넸다. 할아버지는 뭔가 처리가 복잡하셨는지 포스기를 이것저것 눌러보시며 몇 번이나 쿠폰을 다시 확인하셨다. 계산 시간이 고작 1, 2분 더 걸린 것뿐인데 할아버지는 연신 죄송하다고 말씀하시며 우리에게 고개를 숙이셨다.

빵 봉지를 들고 깜깜한 밤거리를 걸으며 생각이 많아졌다. 늦은 밤 내가 누린 편의의 이면에는 빵집 할아버지의 고단한 노동이 깔려 있었다. 12시가 넘는 시간까지 빵을 팔고, 가게를 정리한 뒤 잠자리에 누우면 새벽 2시가 넘어서야 할아버지의 하루가 끝날 것이다. 점점 많아지는 기프티콘이니 쿠폰이니 이

벤트 상품을 처리하는 일도 할아버지에게는 복잡하고 어려운 일일 수 있다. 누군가에게는 한밤에도 가능한 편리함이지만 누군가에게는 일상처럼 반복되는 노곤함을 과연 즐겁게만 받아들일 수 있을까 하는 생각이 들었다.

장강명의 소설 《산 자들》(민음사, 2019)에는 〈현수동 빵집 삼국지〉라는 단편이 실려 있다. 큰 아파트 단지를 끼고 있는 현수동은 장사가 잘되는 동네다. P 프랜차이즈 빵집이 잘되기 시작하자 우후죽순처럼 B 프랜차이즈 빵집과 H 베이커리가 생긴다. 맛있는 빵을 굽고 팔기만 하면 될 줄 알았지만 빵집 운영은 호락호락하지 않다. 경쟁 빵집이 1시간이라도 문을 일찍 열거나, 늦게 닫으면 다른 빵집도 다 같이 운영 시간을 늘려야 한다. 원하지 않지만, 경쟁에서 이기기 위해 '상대 빵집은 방부제를 써서 곰팡이가 피지 않는다'는 식의 거짓 정보를 퍼뜨리기도 해야 한다.

게다가 빵에는 바코드가 없다. 그렇기 때문에 손님이 가져온 빵이 무엇인지 눈으로 재빨리 파악한 뒤 포스기에 정확히 찍어 계산을 해야 한다. 쿠폰, 기프티콘, 선불 금액권 사용과 포인트 적립까지 빠른 시간 안에 해내지 않으면 손님들로부터 욕을 먹는다. 쿠폰을 사용하려고 온 사람들에게 "죄송하지만 그 빵은 저희 매장에 없습니다"라고 응대라도 하면, 손님들은 분하고 억울한 마음에 왜 사기를 치느냐, 이럴 거면 쿠폰을 왜 만들었냐며 있는 힘껏 감정을 표출하고 빈손으로 가게를 나가 버린다.

함께 먹는 고추 열무 비빔밥이 알려준
연대의 가능성

아빠의 고시원 운영은 쉽지 않았다. 한 번 사기를 당한 뒤 믿을 만한 사람을 구하지 못한 아빠는 집을 나와 고시원에 살면서 직접 관리를 시작했다. 엘리베이터가 없는 고시원 계단을 오르내리며 온종일 화장실, 공용 부엌, 세탁실 등을 청소하다 보면 하루가 꼬박 지났다. 심심하면 고장 나는 보일러, 에어컨, 인터넷 공유기와 씨름하며 지냈다. 회사에 다닐 적에는 사보를 만들며 글을 쓰고 편집을 하던 아빠는 책 한 권 읽을 틈도 없었다.

아빠를 더욱 힘들게 만든 것은 주변 숙박 시설과의 경쟁이었다. 〈현수동 빵집 삼국지〉의 빵집 사장님들처럼 우후죽순으로 생긴 주변 숙박 시설과 경쟁하기 위해, 홈페이지를 개설하고 밤낮없이 울리는 전화를 받아야 했다. 새로 지어진 주변 고시원들과 시설이 비교되면서, 물가가 올라도 숙박료는 오히려 더 낮게 받아야 했다.

아빠를 생각하다 보면 그림책 《밥 먹자!》가 자연스레 떠오른다. 한여름의 뜨거운 뙤약볕이 빨갛게 내리쬐는 날, 농부들은 손수 키운 작물들을 한 아름 안고 부푼 가슴으로 오일장에 나온다. 색색의 파라솔이 펴지고 다양한 작물들이 펼쳐진다. 양오리 할머니 역시 손수 기른 참외와 각종 채소를 가지고 장을 찾았다. 할머니는 장이 파할 때 빈손으로 홀가분히 돌아가는 자신의 모습을 상상한다. 하지만 다닥다닥 붙은 파라솔 안에 펼쳐진 물건들을 보자 이내 근심이 생긴다.

'장날이 고추장이네. 온통 고추구먼. 오늘 다 팔 수 있을까.'

고추를 지고 온 농부들 사이에서 사방이 경쟁자라는 생각이 퍼진다. 장사는 마음대로 되지 않는데 날은 더 뜨거워지고, 탱탱했던 물고추들은 시들다 못해 흐물흐물 녹기 시작한다. 녹아버린 고추는 어떻게 해야 할까? 고생해서 키운 고추들을 다 버리고 경쟁자들 때문에, 날씨 때문에 장사를 망쳤다고, 누구 탓이라도 해야 속상한 마음이 풀릴 것만 같다. 농부들은 서로 눈을 흘긴다.

이때 정적을 깨는 양오리 할머니의 "밥 먹자!"라는 한마디에 농부들은 일사불란하게 움직이기 시작한다. 하얀 밥을 짓고,

초록 열무와 주황 당근을 썬다. 녹아버린 시뻘건 고추를 부어 참기름까지 두르면 먹음직스러운 고추 열무 비빔밥이 완성된다. 이들은 서로가 경쟁자라고 생각했다는 사실도 잊고 함께 밥을 먹으며 어울린다.

경쟁자가 너무 많다고 서로를 원망하기보다 함께 할 수 있는 방법을 찾고, 상생을 위해 노력하는 것이 작은 실마리가 될 수 있다. 〈현수동 빵집 삼국지〉 속 B 프랜차이즈 빵집의 딸 주영은 밤 12시, 아침 8시에 문을 여는 상황 속에서 다른 빵집 탓을 중단한다. 주영은 결국 용기를 내어 상대 빵집을 찾아가 이렇게 제안한다. 가게 문을 몇 시에 닫을지 그래서 하루에 몇 시간을 잘지는 자신들이 정할 수 있는 문제가 아니냐고 말이다.

치열한 경쟁 속에서 아빠의 고시원 운영은 그림책 혹은 소설 속 이야기처럼 쉽게 실마리가 풀리지는 않았다. 그렇다면 보람찬 노동이라는 것은 정말 허구의 이야기이기만 할까?

내가 건넨 귤 한 개의 힘

그림책 《밥 먹자!》 속에 등장하는, 함께 고추 열무 비빔밥을 함께 먹는 농부들을 보며 떠오른 글이 있다. 〈한겨레 21〉에서 기획 연재했던 '2020 노동자의 밥상' 르포다. 새벽 로켓 배송을 하는 조찬호 씨는 밤 10시에 출근해 아침 7시에 배송을 마무리한다. 전날 반찬이나 먹을 것을 주문하고 잠든 사람들의 문 앞에 상품을 배송하기 위해 그는 바쁘게 움직인다. 밥을 대신하는 것은 350밀리리터 콜라 두 병이다. 그는 배송을 다 마친 아침 7시가 되어서야 곰탕 한 입을 입에 넣는다. 900인분의 급식을 만드는 조리원을 취재한 내용도 있다. 오전 내내 뜨거운 불 앞에서 요리하고, 수십 톤이 넘는 엄청난 양의 식자재를 다듬고, 철로 된 식판과 식기를 옮긴다. 그러고 나서 자신의 밥은 15분 이내에 후루룩 먹어야 한다.

일하며 끼니 챙기는 일 하나도 이렇게 쉽지 않구나 하며 기사를 읽었는데, 기사에 달린 댓글을 보고 나는 적잖은 충격을 받았다.

'과장된 연민에 호소하지 마세요. 그 자리 싫으면 그만두세요. 그 돈 받고 그 자리 들어가고 싶은 사람들 많아요.'

'돈도 많이 받으면서 우는소리 한다고 생각합니다. 그 돈 받으려면 이 정도는 일해야 하는 것 아닌가요?'

자신의 자리에서 묵묵히 일하는 이의 끼니를 걱정하는 대신, 날 선 글이 오가는 댓글 창을 보며 가슴이 서늘해졌다. 다

먹고살자고 하는 일인데, 상대의 끼니를 걱정해주고 그의 노동을 감사히 여기는 것이 왜 이렇게 어려운 일일까? 모든 것을 돈으로 치환해서 가치를 따지려는 행위는 미다스 왕의 신화를 떠올리게 한다. 손으로 만진 모든 것을 황금으로 변하게 만드는 능력을 갖게 된 미다스 왕은 자신이 사랑하던 딸마저 황금 동상으로 변해버리자 그제야 후회를 한다. 모든 것의 가치를 돈으로만 생각하는 태도는 결국 돈으로 그 가치를 따질 수 없는 무엇인가가 있다는 것을 알고 난 후에야 멈출 수 있다.

그렇다면 돈으로 따질 수 없는 노동의 가치란 무엇일까? 그림책 《오, 미자!》에는 열심히 일하는 다섯 명의 미자가 등장한다. 이들의 이름은 모두 미자이지만, 아무도 이들의 이름을 신경 쓰지 않으며, 이를 증명하듯 그림책 속에서 미자라는 이름은 아주 작은 귀퉁이에 표시되어 숨은 그림 찾듯 찾아야 한다. 그렇다고 해서 이들의 노동이 돈을 벌기 위한 수단이자 하찮은 일로 조명되는 것은 아니다.

건물 청소부로 일하는 김미자는 자신을 투명인간 취급하는 사람들로부터 벗어나 계단에 앉아 쉬며 삶의 쓴맛을 느낀다. 전기기사 신미자는 아줌마가 제대로 일을 하겠냐는 사람들의 말에 매운맛을 보여주겠다고 각오한다. 스턴트우먼 미자는 바다에 빠진 아이를 구하다가 짠맛을 맛본다. 이삿짐센터에서 일하는 손미자는 고객이 감사하다며 건넨 새콤한 귤로 신맛을, 택배 기사 이미자는 고객이 건넨 요구르트로 단맛을 맛본다.

노동의 다섯 가지 맛을 오미자 열매의 맛에 빗대어 풀어낸 이 그림책은 노동의 효용성을 돈으로만 따지고 드는 사회에서 노동의 보람이 무엇인지 보여준다. 나의 손길이 있어야 하는 사람이 존재한다는 것, 그 사람들이 나의 노동에 고마워한다는 것. 그것이 노동의 보람이자 가치다. 서로가 전하는 고마움의 표시는 커다란 선물이거나 엄청난 액수의 돈이 아니어도 된다. 감사하다는 말 한 마디, 반가운 인사, 작은 귤 하나 등 소박하고 작은 것이어도 충분하다.

선생님인 내가 행복할 때는 아이들로부터 다름 아닌 작고 진실한 감사를 느낄 때다. 특히 1년 내내 살가운 행동 하나 보이지 않던 까칠한 아이가 스승의 날이라고 편지를 한 통 내밀 때면, 편지에 '고맙습니다' 한 마디밖에 적혀 있지 않아도 가슴이 뜨거워지는 것을 느낀다. 앞서 밥 한 끼 제대로 먹기 힘든 고된 노동 속에 일하던 인터뷰이들도 말한다. 일을 할 수 있어 행복하다고. 나의 노동으로 행복을 누릴 수 있는 이들이 있어 감사하다고. 특히 나의 노동을 고마워하는 이들이 있어 뿌듯하다고 말이다.

그간 눈빛도 주고받지 않고 택배 박스만 받았던 시간이 있었다. 식당에서 밥을 먹으며 밥 짓는 사람들의 노고를 생각한 적도 드물었다. 돈을 지불했으니 고마움은 당연히 생략되어도 되는 일이라고 생각했던 것일지도 모른다. 하지만 택배 기사 이미자가 고객에게 받은 귤 하나로 노동의 뿌듯함을 다시 되새기듯, 이제 나는 누군가에게 귤 하나 건넬 수 있는 따뜻한 마음으로 일하는 모든 이에게 작은 감사를 전하며 산다. 오늘도 버스에서 내리며 기사님이 듣지 못하실지라도 큰 소리로 감사하다고 인사를 하고, 사람들이 그냥 지나치는 청소 아주머니께 "안녕하세요! 감사합니다!"라는 인사를 건넨다. ◆ 이한샘

《오, 미자!》 (박숲 글·그림, 노란상상, 2019)

삶과 노동을 다섯 개의 맛으로 풀어낸 그림책이다. 그림책에 등장하는 다섯 명의 '미자' 씨는 각기 다른 직업을 갖고 있다. 건물 청소부, 스턴트우먼, 택배 기사, 전기 기사, 이사 도우미로 일하는 '미자' 씨들의 삶은 고달파 보인다. 사람들의 짜증 속에서 무시를 당하기도 하고, 이유 모를 손가락질을 받기도 한다. 하지만 '미자' 씨들의 곁에는 그들의 가치를 알아주고 격려해주는 작은 손길이 함께 한다. 우리 곁의 '미자' 씨들에 대해, 그들의 땀과 눈물에 대해 다시 생각해보게 되는 그림책이다.

《밥 먹자!》 (한지선 글·그림, 낮은산, 2019)

한여름의 뜨거운 뙤약볕이 빨갛게 내리쬐는 날, 농부들은 손수 키운 작물들을 안고 부푼 가슴으로 오일장에 나온다. 장사는 마음대로 되지 않는데 날은 점점 더워지고, 가지고 온 채소는 시들다 못해 흐물흐물 녹기 시작한다. 누구 탓이라도 해야 속상한 마음이 풀릴 것만 같아 서로 눈을 흘기는데, 양오리 할머니의 "밥 먹자!"라는 한마디가 들린다. 쓱싹쓱싹 맛있게 비빈 고추 열무 비빔밥 한 그릇을 나눠 먹으며 모두가 하나가 되는 모습을 통해 연대하는 힘에 대해 깨닫게 되는 그림책이다.

몸들의 속사정

"어머, 선생님! 임신하셨어요? 몰랐네!"

출장을 갔다가 우연히 예전 학교에서 같이 근무했던 선생님과 마주쳤다. 간만에 뵙고 싶던 분을 만나 무척 반가웠지만 이런 식으로 반가워해주실 줄은 정말 몰랐는데. 당시 내 나이는 스물다섯, 남자 친구도 없었다. 알파카 털이 도톰한 겨울 외투 때문이었을까? 너무 당황한 나는 본능적으로 배를 내려다보았다. 내 동공이 한곳에 정착하지 못하고 어지럽게 흔들리자, 선생님은 "내가 실수했나 봐, 어떡해. 일 잘 보고 가요" 하시고는 황급히 자리를 피하셨다.

엉겁결에 덩달아 고개를 꾸벅 숙여 인사를 했지만, 다리가 후들거려서 더 이상 계단을 올라갈 수 없었다. 2층에서 3층으로 올라가는 계단참에 마침 나 보란 듯이 큰 거울이 걸려 있었다. 머리칼은 세찬 겨울바람에 산발이 되어 있었고, 얼굴은 푸석해 보였다. 코트를 살짝 들어 배를 한 번 거울에 비춰보았다가 이내 덮어버렸다. 원대한 계획으로만 존재하던 다이어트는 그날부터 즉시 시작되었다. 전혀 예상치 못했던 급작스러운 시작이었다.

날씬해진 몸에 딸려 온, 타인의 외모를 품평하는 마음

다이어트는 생각보다 심플한 몇 개의 규칙만으로 진행되었다. 밥 세끼를 제외한 어떤 간식도 입에 대지 않았고, 물과 허브티를 빼고는 그 어떤 음료도 마시지 않았다. 저녁 6시에서 1분이라도 지나면 목에 칼이 들어와도 아무것도 먹지 않았다. 친구들과 신나게 놀다 새벽에 귀가해 졸도할 듯이 피곤해도, 집 근처 중학교 운동장에서 1시간을 힘차게 뛰고 난 뒤에라야 잠자리에 들었다. 그렇게 며칠을 하니 두툼했던 허리가 제법 날렵해지기 시작했다. 왜 다들 다이어트가 고통스러운 일이라고 호들갑을 떨어댔지? 이렇게 신나고, 이렇게 짜릿한 일이라고 왜 아무도 말해주지 않았지? 이윽고 포대 자루처럼 헐렁했던 내 통바지와 티셔츠는 모조리 헌옷수거함에 들어가는 최후를 맞이했다. 옷장에 입을 만한 옷이 점점 줄어들수록 나도 모르게 비식비식 웃음이 비어져 나왔다.

평생을 끔찍하게 여기던 쇼핑을 즐기게 될 줄이야. 날이 갈수록 몰라보게 날씬해지는 딸 때문에 더욱 신난 엄마를 대동하여 백화점도 들락거리기 시작했다. "어머, 따님 너무 날씬하시다" 하는 백화점 점원의 칭찬에 우리 엄마는 "아유, 아니에요 뭘" 하며 손사래를 치면서도 입가에 번지는 미소는 끝내 감추지 못했다. 나는 당연하다는 듯, 무표정하고 시크하게 전신거울에 새 옷을 걸친 내 몸을 이리저리 비춰봤다. 내가 봐도 옷 태가 예뻤다. 이틀만 자고 나면 체중계 속 숫자가 1킬로그램씩 줄어들어 있었다. 하루에 500그램씩 줄어들었던 셈이었다. 신바람 나는 하루하루가 이어졌.

"대박이다! 어떻게 한 거야? 비결 좀 알려줘봐. 나도 살 좀 빼야 해."

3개월 만에 10킬로그램을 감량한 나를 만난 사람들은 누구든 눈을 반짝이며 다이어트 성공담을 듣고 싶어 했다. 나는 무심한 척, 별로 힘들지 않았다며 무용담을 늘어놓았다. 외모 때문에 늘 주눅이 들어 있었고 위축되었던 자신감은 살을 잔뜩 뺌과 동시에 한껏 상승했다.

'이래서 다이어트가 최고의 성형이라고 했구먼.'

무슨 상담을 받거나 약을 복용한 것도 아닌데 마음이 종일토록 싱싱한 것이 아주 그냥 힘이 뻗쳤다. 아름다운 몸을 되찾음과 동시에 바람 빠진 풍선처럼 쪼그라들었던 내 마음도 보기 좋게 정상의 것으로 돌아왔다고 생각했다. 내 몸과 마음이 전부 다 사랑스러우니, 이보다 멋진 자기 긍정의 화신이 어디 있을까!

그러나 과하게 잘 듣는 약엔 부작용도 있는 법. 나 자신이 못 견디게 좋음과 동시에 사람들을 업신여기는 마음이 스멀스멀 올라오기 시작했다. 살집이 있는 사람을 보면 '저 사람은 나보다도 어린데 왜 저렇게 체중 관리를 못하지?'라고 속으로 생각했다. 소개팅을 나가 대화가 잘 통하는 남자를 만나도 '쉰이 넘은 우리 아빠도 복근이 있는데, 이 남자는 자기 관리가 완전 꽝인가 봐' 하는 생각이 먼저 들었다. 어떤 옷을 입어도 태가 나는 날씬하고 예쁜 몸을 선물받은 대신, 타인을 외모로 먼저 판단하는 어지러운 마음도 묶음 상품처럼 받은 셈이었다. 조금 찜찜하긴 해도, 본품이 맘에 쏙 드니 처치 곤란한 사은품은 어쩔 수 없다는 마음이었다.

누구에게나
'때'가 있음을 기억하기

그때의 혼란스러웠던 내가 이 그림책을 알았더라면 얼마나 좋았을까? 나는 여태껏 《때》만큼 몸에 대한 상쾌한 충격을 선사한 그림책을 아직 만나지 못했다. 허리가 고부라진 할머니, 손과 얼굴이 쪼글쪼글한 할머니, 고약한 할머니와 자애로운 할머니 등 다양한 할머니를 그림책 세계에서 충분히 만났다고 생각했는데, 그게 끝이 아니었다. 완전히 벌거벗은 할머니가 그림책의 주인공이 될 수 있을 줄은 미처 몰랐다.

《때》는 독특한 매력을 머리부터 발끝까지, 아니 표지부터 스토리까지 줄줄 흘리는 그림책이다. 나는 외국 그림책과 번역본을 비교해 보기를 무척 즐긴다. 그러다 보니 한국 그림책이 외국어로 번역된다면 어떤 문장들이 나올지 늘 상상해보는 취미도 가졌는데, 그런 의미에서도 《때》는 아주 각별한 그림책이다. 외국어로의 번역이 불가능하거나 아주 어려운 그림책을 읽는 경험은 마치 단짝친구와 둘이서만 아는 암호로 몰래 대화를 주고받는 듯한 쾌감을 주기 때문이다.

누구나 때가 있다.

'각질dead skin'과 '시간time'을 가리키는 단어가 한국어에서는 왜 하필 '때'라는 같은 소리 값을 지닌 이름을 갖게 된 걸까? 이유 모를 즐거운 우연이다.

때가 되었군, 깨끗해질 때.

힙합 오디션 프로그램 〈쇼 미 더 머니〉 참가자들의 맛깔 나는 랩 뺨치는 라임에 쾌감을 느끼며 킥킥대는 순간, 우리는 표지의 정체를 깨닫게 된다. 검정 줄무늬가 그려진 초록색 천! 그것은 바로 이태리타월이다. 정작 이탈리아 사람들은 결코 쓰지 않는다는 초록색 이태리타월이 전격 표지로 등장하는 그림책이라니, 이건 정말 대단한 용기가 아닌가? 내친김에 표지를 슥슥 문질러보니, 거칠거칠한 질감이 내는 소리가 귀뿐만 아니라 손끝까지 즐겁게 해준다. 이태리타월이 때가 통통 잘 불어난 넓적다리에 찰싹 붙어 때를 밀어내는 장면을 상상하며 페이지를 넘기니, 할머니의 굵은 곡선이 돋보이는 보드라인이 그림책의 양면을 가득 채운다. 대담한 연출에 감탄한다. 푸짐하고 나이 들고 출렁이는 몸이 이렇게 탐스럽고 아름다운 거였어?

목욕탕에서 빨간 '빤스'랑 '브라자'만 입고 생기 넘치는 근육과 쩌렁쩌렁한 목소리로 손님들을 받던 세신사 아지매들이 머리를 스친다. 내 몸을 낯선 사람에게 맡기는 게 부끄러워 여태까지 한사코 하지 못했던 일이지만, 어쩌면 때밀이 아지매에게 몸을 맡기는 단골 고객들은 지치지 않는 그 근력의 반복적인 움직임으로 약동하는 생기를 마주했던 것일지도. '볼품없고 늘어난 몸이지만 오늘 하루 반짝반짝 잘 부탁해요'라며 세신사 아지매들에게 말을 건네는 그들이야말로 진짜 자기 긍정의 화신들이었을지도 모르겠다.

30대 중반이 된 내 몸은 10년 전의 내 몸과는 사뭇 달라 고집이 한껏 세져 있었다. 똑같은 양의 밥을 먹어도 쉽게 살이 쪘고, 며칠 스파르타식으로 연거푸 달린다고 해도 하루에 500그램씩 빠지는 일은 결코 없었다. '그때 먹히던 방법이 왜 이젠 안 듣지?' 당황스러움이 밀려왔다.

그것뿐이었으면 좋았으련만, 엎친 데 덮친 격으로 내 몸은 건방지게 허락도 없이 불청객을 마음대로 초대했다. 왼손 검지와 중지가 저릿해오는 증상을 시작으로 두 다리가 저려 잠 못

들고 밤을 꼴딱 샌 다음 날, 나는 바로 정형외과로 달려갔다. 의사 선생님은 미간을 살짝 찌푸리고 엑스레이 사진을 바라보았다. "목 디스크가 의심되네요." 거북목, 일자목이 심하단 소리에 겁을 잔뜩 먹고 눈물을 뚝뚝 흘리는 나를 보고 선생님이 침착하게 말씀하셨다.

"운다고 달라지지 않아요. 몸이 오죽하면 이러겠어요. 여태 몸도 고생 많이 했잖아요. 이제 고생 안 하게 해줘야죠."

나와 타인의 몸을 있는 그대로 받아들이려면

《천하무적 영자 씨》의 영자 씨는 《때》의 신선한 충격에서 조금 더 진전된 서사를 보여준다. 스머프처럼 파란 피부색에 핫핑크 뽀글머리를 한 영자 씨는 씩씩하고 와일드 한 할매다. '수박 여섯 통을 머리에 일 정도로' 힘이 세고 상추밭을 엉망으로 만드는 달팽이들을 '단칼에 두 동강'을 내버린다. 옆 동네 김 이장 할배의 불만 처리 따위는 껌처럼 쉽게 해치운다.

저자는 표지의 영자 씨는 지킬 앤 하이드처럼 얼굴을 반쪽만 보여주고, 계단을 올라가는 영자 씨는 오직 다리만, 수박을

이고 가는 영자 씨는 단지 손과 머리만 보여준다. 김 이장 할배를 대적하는 영자 씨는 매서운 눈빛만을 드러내 독자들에게 신비감을 더한다. 이 할매, 보통 할매가 아니다. 허나, 쾌녀 중의 쾌녀 영자 씨의 거침없는 행보에 대리 만족을 하던 찰나, 영자 씨보다 더 힘이 센 존재가 등장한다.

그런 영자 씨도
쉽게 이길 수 없는 것이 있었으니

오토바이보다 말이 빠른
이 씨 할머니도 아니고

논두렁을 엉망으로 만들어버린
태풍도 아니다.

그것은 늙어간다는 것.

타의 추종을 불허하는 최고의 운동선수도 전성기를 지나면 어김없이 날렵하던 몸이 무뎌져 배가 불룩 나오는 순간이 다가온다. 영자 씨도 세월을 꼭꼭 씹어 잡숴, 거침없던 기운이 한풀 꺾이고 몸의 쇠락함을 받아들여야 하는 순간을 겪는다. 줄곧 건강하고 완벽하게만 기능하는 몸을 지니다가 하루아침에 노쇠해진 몸을 받아들이게 되는 삶을 떠올려본다. 가능하지도 않겠지만, 설령 그렇게 하루 만에 확 늙어버리는 노화의 방식이 있다고 해도 과연 행복할까?

보이지 않지만 내 몸의 세포들은 이 글을 쓰는 지금 이 순간에도 차곡차곡 착실하게 늙어가고 있다. 언젠가는 "동안이세요" 소리를 듣던, 팽팽하던 내 얼굴도 조금씩 느슨해지고, 이빨은 하루가 다르게 덜그럭댈 것이다. 이 글을 읽는 당신은 아직도 짱짱하다고? 아직 갈 길이 멀어 좋겠다. 그러니 시간의 문제일 뿐, 누구에게나 다르지 않은 미래라고 생각하니 괜히 덜 억울하다.

더 이상 죄 없는 몸을 꾸지람하지 않기로 했다. 아픈데 관리를 잘못한 탓이라고 몸에게 화내지 않기로 했다. 실제 나이보다 신체 나이가 늙었다고 해도 봐주기로 했다. 화를 내고 조바심을 내는 대신 내 몸이 일상을 단단하게 지탱해줄 수 있도록 살살 달래기로 했다. 몸이 힘들다고 아우성 치면 특별 휴가를 무기한으로 쓰게 해주고, 상담을 요청하면 친절하게 들어주기로 했다. 그러기로 했다.

그 누구의 몸도 아닌, 내 몸과 잘 지내기로 했다. 더도 말고

덜도 말고 나에게 딱 맞는 몸을 토닥이며 갖가지 아름다운 몸을 가진 사람들 사이에 섞여 괜히 더 힘찬 걸음으로 뚜벅뚜벅 걸어가고 싶다. ◆ 김여진

《때》 (지우 글·그림, 달그림, 2019)
이태리타월을 표지에 내세우는 대담함으로 독자들의 시선을 끄는 그림책. 가장 내밀하고 숨기고 싶을 것 같은 순간이 통쾌하고 역동적인 움직임으로 변신한다. 날렵하지 않은 보디라인이 이토록 아름답고 매력적인 것이었던가? 초록과 살구색을 비롯해 단순한 몇 가지 색만으로도 마음 가득 다채로움이 채워지는 그림책이다.

《천하무적 영자 씨》 (이화경 글·그림, 달그림, 2020)
세상의 모든 할매들과, 할매가 될 여성들에게 선물하고 싶어지는 책. 이 책을 한 장씩 넘기노라면 관절이 삐그덕거려도, 허리가 앞으로 굽어져도 이상하게 겁날 게 없을 것만 같다. 살다 보면 필연적으로 마주할 수밖에 없는 피로와 노화에 덤벼드는 본격 안티 에이징 그림책이다.

존재로 가만히 귀 기울이기

"아빠, 나 진짜 런던 가도 돼?"

"너라도 재미있게 놀고 와. 아빠는 괜찮…… 다, 콜록콜록."

여행을 취소할까 말까 수만 가지 생각이 머리를 어지럽혔다. 여행을 떠나기 한 달 전, 집에 비상사태가 발생했다. 아빠가 시름시름 앓기 시작한 것이다. 처음에는 단순한 목감기인줄로만 알고 집 앞에 있는 이비인후과만 다녔다. 하지만 이삼 주가 지나도 아빠의 감기는 떨어지지 않았다. 목에서는 그르렁 소리가 났고 자주 가래를 뱉으셨다. 그뿐만이 아니었다. 증상은 더욱 심해져 숨도 헐떡거리셨고, 먹는 음식마다 게워내기가 다반사였다. 안 되겠다 싶어 우리 가족은 아빠를 모시고 큰 병원을 찾았다. 가는 병원마다 의사들은 CT 촬영, 폐기능 검사, 알레르기 검사 등을 했고, 처음에는 뚜렷한 병명을 알려주는 것을 피했다. 뒤늦게 천식이라는 진단이 내려졌다. 천식약을 복용할 때마다 아빠는 부작용을 겪으셨다. 차도를 보이시기는커녕 심한 호흡곤란까지 이어지자, 이러다가는 죽겠다고 한동안 병원 진료를 거부하기까지 했다.

  나는 집에 들어갈 때마다 아빠의 기침과 가래 끓는 소리를 들어야 했다. 아빠 옆에 가면 가슴에서 색색거리는 소리가 났다. 처음에는 아빠가 잘못될까 봐 무서웠다. 누구에게나 끝이 있다는 사실을 알았지만, 아직은 그때가 아니라고 부정하고 싶었다. 제발 아빠의 병을 낫게 해달라고 기도했다. 우리 가족은 점점 웃음을 잃어버렸다. 아빠의 병수발을 하던 엄마도 시간이 갈수록 수척해지셨다. 몸이 힘드시니 말수도 줄어드셨다. 자식들이 할 수 있는 건 아무것도 없었다. 아빠의 아픔과 고통을 대신 짊어질 수도 없었고 그저 옆에서 지켜보는 수밖에 없었다. 아빠가 투병하는 동안 가장 괴로웠을 때는 아무것도 할 수 없다는 무력감을 마주할 때였다. 때로는 오히려 집 밖에 있는 시간이 홀가분하기도 했다. 하지만 그것도 잠시, 나만 편한 시간을 보내는 것 같아 금방 죄책감에 사로잡히곤 했다.

내가 진짜 듣고 싶었던 말은

아픈 아빠를 뒤로하고 결국 나는 여행을 떠났다. 하지만 마음은 착잡하고 무거웠다. 불효녀가 된 것 같았다. 엄마는 아프면 여행도 못한다고 말씀하시며 너라도 건강할 때 많이 누리고 오라고 했다. 나는 런던 숙소에서 친구 미영이를 만나기로 했다. 석 달 전부터 우리는 함께 여행을 계획하고 준비했었다. 그녀를 만나자마자 아빠가 아프셔서 내가 여기에 오는 게 맞을지 한참을 고민했다고 속내를 털어놓았다. 미영이는 아빠의 병명이 뭐냐고 묻더니 내 대답을 듣고는 이내 "천식은 큰 병 아니야. 괜찮아지실 거야!"라는 말을 담담히 전했다. 그 한마디가 비수같이 내 마음을 찌를 줄은 몰랐다. 순식간에 눈물이 주르륵 쏟아져 내렸다. 그녀는 느닷없는 내 울음에 당황했다.

당시에 나는 뭐가 그렇게 섭섭했을까? 그때 미영이가 나에게 던진 말은 나를 위로해주기 위해 한 말이라는 것을 안다. 더군다나 그녀는 간호사라 의학적 지식도 나보다 훨씬 더 풍부하다. 병원에서 얼마나 많은 임종을 앞둔 환자를 만났겠는가? 미영이의 경험치에 근거했을 때 아빠의 병은 큰 병이 아니었을지도 모른다. 하지만 그때 나는 전혀 괜찮지 않았다. 의료 처치를 하면 할수록 아빠의 상태는 더 나빠졌고, 아빠가 마치 생사의 갈림길에 서 있는 것 같았다. 그때 미영이가 던진 말 한마디는 아픈 아빠 때문에 걱정하고 있는 나를 별것 아닌 일로 힘들어하는 사람인 양 치부하는 것처럼 여겨졌다. 나는 가까운 친구가 당시 내가 느꼈던 두려움과 슬픔 그리고 죄책감에 조금이라도 자신의 다정한 마음을 포개어주기를 기대했다.

　그때 처음으로 위로를 하기 위해 던지는 말이 당사자에게는 공감의 표현으로 다가가지 않을 수도 있다는 것을 체감했다. 타인에게 이해받지 못한 나의 고통을 마주하고 나서야, 내가 타인에게 무심코 건넸던 말을 되돌아보게 되었다. 그 사건이 아니었다면 나는 지금까지 내가 공감을 잘하는 사람이라고 착각하며 살았을지도 모른다. 미영이가 했던 말은 사실 나도 주변 사람들에게 자주 건넸던 말이었다. 예전의 일이 떠올라 부끄러움에 고개가 숙여졌다. 연인과 헤어진 친구에게 위로의 말이랍시고 으레 "넌 훨씬 더 좋은 사람 만날 거야"라는 말을 던졌다. 학교 일이 힘들다고 하소연하는 친구에게는 "나는 더한 일도 겪었잖아" 하며 내가 힘들었던 얘기를 한참 들려주기도 했다. 어렵사리 유산 경험을 털어놓은 친구에게는 무슨 말을 해야 할지 몰라 한참을 망설이다가 "아, 정말 힘들었겠다. 그건 네 탓 아니야. 힘내!"라는 말을 겨우 건넸다. 그때마다 상대방도 나에게 거리감을 느끼지 않았을까? 그 느낌을 겉으로 표현하지 못한 채 속으로 삭였을지 모를 일이다.

있는 그대로 들어주고 보아주기

《비폭력대화》(마셜 B. 로젠버그 지음, 캐서린 한 옮김, 한국NVC센터, 2011)에 의하면, 우리는 고통받고 있는 사람과 대화를 나눌 때 공감하기보다는 상대방을 안심시키고 조언을 해주거나 자신의 의견과 느낌을 설명하는 경향이 있다고 한다. 내가 그동안 숱하게 그래 왔던 것처럼. 하지만 조언하기, 한술 더 뜨기, 가르치려 들기, 위로하기 등은 다른 사람과 공감으로 연결되는 데에 방해가 된다고 한다. 책에서는 공감의 열쇠가 자신의 마음을 비우고 온 존재로 상대방과 함께 있는 것이라고 했다. 상대방의 문제를 해결해주려고 하거나 상대방의 기분을 더 낫게 해줘야 한다는 생각이 존재로 귀 기울이는 것을 방해한다고 했다. 알 듯 말 듯 아리송했다. 도대체 존재로 듣는다는 것은 무엇일까?

그 의문은 그림책 《가만히 들어주었어》를 읽으면서 한 겹 풀렸다. 주인공 테일러는 공을 들여 새롭고 특별한 뭔가를 만든다. 그런데 난데없이 새들이 날아와 테일러가 만든 것이 무너져버린다. 여러 동물 친구들은 차례로 다가와 테일러를 위로하기 위해 애쓴다. 닭은 어떻게 된 일인지 서둘러 설명하라며 재촉한다. 곰은 화가 날 것 같을 땐 소리를 지르라고 조언한다. 코끼리는 자기가 문제를 해결해주겠다고 자청한다. 각자 자기 자신이 알고 있는 방법으로 테일러를 위로하려 든다. 그렇지만 테일러의 기분은 전혀 풀어지지 않는다.

그때 토끼가 조용히 다가온다. 토끼는 테일러가 따뜻한 체온을 느낄 때까지 말없이 그 옆에 머무른다. 테일러가 말을 하고 싶을 때까지 기다려준다. 테일러의 말을 그저 가만히 들어준다. 테일러의 감정에 그 어떤 판단이나 조언, 평가, 위로도 하지 않는다. 그저 마음을 포개고 수용해준다. 테일러의 존재 자체에 집중해준다. 그러자 놀랍게도 테일러는 다시 일어날 힘을 얻는다.

공감의 핵심은 《가만히 들어주었어》의 토끼처럼 대답을 채근하지 않고 기다려주는 것이었다. 상대방의 고통에 진심으로 눈을 포개고 듣는 것이었다. 상대방의 '때'에 상대방의 '방식'으로 그 존재를 존중해주며, 상대방이 진정으로 원하는 게 무엇인지 알아가는 것이었다. 때론 나와 전혀 다른 생각을 하더라도 상대방의 말에 귀 기울이는 게 공감의 핵심이었다.

하지만 본질을 삶에서 실천하는 일이란 늘 어렵다. 나와 같은 마음을 느끼는 사람에게는 동의하기 쉽지만, 나와 다른 마음을 지닌 사람의 내면에 공감하며 진심으로 그럴 수 있겠다고 기꺼이 받아들이고 이해하기는 어려웠다. 동감과 공감은 동의어가 아니었지만, 나는 늘 공감 대신 동감을 할 때가 많았다. 갑자기 나윤 언니와 나눴던 대화가 떠올랐다.

나윤 언니는 부장님이 자신의 업무를 마음대로 처리해서 화가 난다고 말했다. 예전에 나도 비슷한 일이 있었다. 그때 나는 내 업무를 다른 누군가가 대신 처리해줘서 고맙다고 생각했다. 내 짐을 덜어준 셈이었으니 말이다. 나는 내 과거의 경험을 떠올리며 "부장님은 언니를 도와주려고 하지 않았을까?"라는 말을 건넸다. 그러자 나윤 언니는 애써 울분을 억누르며 떨리는 목소리로 입을 뗐다. "내가 이렇게 화가 나는데, 그게 어떻게 나를 도와준 거니?" 아차 싶었다. 자기중심적으로 사고하는 경향은 상대방의 생각이나 감정을 이해하지 못하게 만들어 관계에 불똥이 튀게 만들었다. 나는 단순한 상황 판단만 했을 뿐, 상대방의 구체적인 처지에 대해 고려하지 못했다.

존재 그 자체로 이해받는다는 것

나는 해답을 찾고자 《당신이 옳다》(정혜신 지음, 해냄, 2018)를 꺼내 읽었다. 책 속에서 내가 고민하는 문제를 해결할 수 있는 실마리를 발견했다.

그때 필요한 건 내 말이 아니라 그의 말이다. 그의 존재, 그의 고통에 눈을 포개고 그의 말이 나올 수 있도록 내가 그에게 물어줘야 한다. 무언가 해줘야 한다는 조바심을 내려놓고 지금 그의 마음이 어떤지 물어봐야 한다. 사실 지금 그의 상태를 내가 잘 모르지 않는가. 내가 잘 모르고 있다는 것을 자각하고 인정한다면 그에게 물어볼 말이 자연히 떠오른다.

나는 그동안 지극히 기본적인 사실을 놓치고 있었다. 우리는 모두 저마다 다르다는 것을 자주 잊어버렸다. 상대방이 자기 마음을 꺼내서 보여주기 전까지는, 그의 생각과 마음을 알 수 없다는 데에서부터 대화를 시작해야 했다. 하지만 나는 상대방이 미처 자신의 속마음을 말하기도 전에, 내 멋대로 판단해버렸다. 상대방의 상황을 나의 렌즈로 끼고 바라봤다. 내 경험의 창으로 타인의 조각을 어설프게 읽으려고 했다. 인생 경험은 손가락의 지문 같아서 세상에 똑같은 경험은 존재하지 않는데도 말이다. 무언가를 해줘야 한다는 조바심을 내려놓고 상대방에게 진지하게 물어봐야 했다. 나를 비우고 그 존재에 온전히 집중해야 했다. 나의 판단을 내려놓아야 했다.

문득 떠오르는 책이 있어 책장을 뒤졌다. 《적당한 거리》가 어디에 있었더라. 이 책은 식물을 키우면서 사람과 사람 사이의 적절한 거리, 관계의 숨통을 위해 필요한 거리에 관해 이야기하는 그림책이다. 분갈이를 하면서 우리의 관계에 대해 통찰한 부분이 인상적이었다.

> 안다는 것은 서두르지 않는 것이기도 해.
> 앞서 판단하지 않고 기다려 주는 것.
> 조급해하지 않고 스스로 떨구는 잎을 거두어 주는 것.

내 눈이 계속 그 문장에 머물렀다. 나에게 가장 필요한 지혜가 담긴 대목이었기에 그랬으리라.

한동안 심리학 서적에 푹 빠져 살다 보니, 심리학 이론의 틀로 사람을 바라보곤 했다. 추상적인 이론을 내 것으로 만들기 위해서는 구체적인 삶의 사례와 비교하는 게 이해하기 쉬웠다. 그러다 보니 상대방에게 진정으로 공감해줘야 할 순간에도 심리학적 틀로 판단하기 바빴고, 상대방의 존재에 집중하기보다 함부로 조언하는 무례를 범하기도 했다. 내가 심리학을 공부하는 이유는 나와 타인에 대한 이해의 창을 넓히기 위해서인데 그 본질을 놓치고 있었다. 친한 상담 교사에게 그 고민을 털어놓았다.

"선생님은 누구보다 심리와 상담에 대해 많이 알고 있잖아요. 그래서 지인이 어떤 고민을 털어놓았을 때, 무언가 조언해 주려고 해본 적 없어요? 저는 제가 어떤 깨달음을 알고 난 후에 제 삶이 바뀌었거든요. 그래서 상대방도 더는 저처럼 고통받지 않았으면 해서, 자꾸 무언가를 알려주려고 해요. 꼰대처럼요."

상담 교사 지인은 '상대방이 진정으로 그 고통을 해결하기를 원하고 조언을 요청할 때만 한다'라는 단서를 알려주었다. 그의 말이 나를 무엇이든 가르치려고 하는 습관에서 조금은 해방시켰다. 상대방의 고통에 공감하고 슬픔에 장단 맞추는 일은 살아갈수록 정말 어려운 일이라고 여겨진다. '공감'이 내 삶의 키워드가 된 지 4년이 넘었지만, 나는 여전히 입체적이고 다면적인 인간을 평면 속으로 구겨 넣을 때도 많고, 자기중심적인 생각을 무심코 내뱉을 때도 많다. 누군가의 상황에 공감하기 힘들어질 때마다 아빠가 편찮으셨을 때 내가 겪었던 그때의 일을 상기해본다. 그때의 기억을 불러오는 것만으로도 타인을 조금이라도 이해해보고자 애써 노력하게 되었다. 나의 판단을 내려놓고 남의 처지가 되어보는 연습을 해보자고 자꾸 되뇐다. ◆ 조시온

《가만히 들어주었어》 (코어 도어펠드 글·그림, 신혜은 옮김, 북뱅크, 2019)
테일러는 온 정성을 다해 만든 블록 성이 무너지자 실의에 빠진다. 그런 테일러를 찾아온 동물 친구들은 저마다의 방식으로 테일러를 위로한다. 독자들은 다양한 위로의 방식을 살펴보면서 진심 어린 태도로 상대방의 이야기에 귀 기울여 들어주는 것만으로도 상대를 일으키는 큰 힘이 되어줄 수 있음을 깨닫게 된다. 앞질러 나가지 않고 스스로 자신을 찾을 수 있도록 도와주는 수용과 경청의 태도가 공감으로 가는 열쇠임을 비춰주는 그림책이다.

《적당한 거리》 (전소영 글·그림, 달그림, 2019)
화분에서 싱그럽게 자라는 식물들을 통해 인간관계를 생각해보게 만드는 그림책이다. 주인공은 분갈이를 하면서 식물을 키우는 데 적당한 햇빛과 흙, 물, 거리가 필요하듯 사람 사이에도 적당한 거리가 필요함을 깨닫는다. 더불어서 식물이 저마다 다르듯이 우리도 모두 다름을 알고 그에 맞는 손길을 주는 것이 사랑의 시작이라고 말한다.

식물성 인간

우리 엄마는 식물성 인간이다. 내가 만난 수많은 사람을 동물성 인간과 식물성 인간으로 구분해보자면 말이다. 엄마를 식물성 인간이라고 생각하게 된 계기는 이웃집 아줌마의 증언 덕분이다. 초등학교 4학년 때 이웃집 아줌마에게 영어를 배운 적이 있다. 그때 배운 영어 회화책 《Side by Side》 안에는 손님맞이 준비를 하는 이야기가 있었다. 그 이야기 속의 엄마는 손님맞이를 위해 제일 먼저 정원의 식물을 가꾸었다. 그 장면을 가리키며 이웃집 아줌마는 "서희 엄마라면 이렇게 식물을 먼저 가꾸실 거야"라고 말씀하셨다.

그 말을 들은 이후부터 내 눈에는 우리 집 베란다를 가득 메우고 있는 식물이 보이기 시작했다. 우리 집 베란다에 가득 했던 식물들은 항상 파릇하게 빛이 났다. 엄마가 길가에 아무렇게나 자라난 풀 한 포기를 쑥 뽑아와 화분에 심으면 낯선 환경에도 불구하고 풀은 이내 무럭무럭 자라났다. 다른 집에서 데려온 시들시들한 화분도 우리 집 베란다에서는 다시 살아났다. 학교에 갔다 돌아오면 엄마는 베란다에서 식물에 물을 주고 계신 모습으로 나를 맞이했다.

그런 엄마가 나무와 풀의 이름을 줄줄이 알고 있는 건 당연한 일이었다. 엄마 덕분에 나는 팥배나무, 층층나무, 상수리나무, 쥐똥나무와 만날 수 있었다. 엄마는 식물의 이름만 아는 게 아니었다. 마치 식물과 대화를 나누시는 것 같았다. 엄마는 특히 엄지손톱보다 작은 크기로 피어 있는 풀꽃을 좋아했다. 제비꽃, 메밀꽃, 꽃마리, 애기똥풀 등이 엄마가 좋아하는 꽃이었다. 이 꽃들을 길가에서 발견하기라도 하면 엄마는 가던 길을 멈추시고는 주저앉아 "어머, 예뻐라" 하며 꽃들을 한 번씩 쓰다듬어주셨다. 그런 엄마를 둔 덕분에 나는 종종 애기똥풀을 꺾어서 나오는 노란 진액을 손톱에 바르며 놀기도 했다.

엄마는 식물을 기르듯이 나를 키웠다. 엄마의 모든 시간과 땀과 피를 나에게 온전히 쏟았다. 엄마의 안전한 울타리 안에서 나는 우리 집 베란다의 식물들처럼 싱싱하게 자라났다. 엄마라는 울타리 안은 편안하고 포근했다. 그러나 내가 대학교에 들어가고 나니 사정이 달라졌다. 세상은 신나는 일로 가득했다. 각종 신입생 환영회와 엠티에 빠짐없이 참석하며 집에 늦게 들어가는 날이면 엄마는 빨갛게 충혈된 눈으로 내가 집에 들어올 때까지 기다리셨다. 나의 해외여행은 엄마에게 공포에 가까운 일이었다. 스물두 살, 인도로 봉사활동을 간다고 했을 때, 엄마는 나를 붙잡고 흔들리는 눈으로 말했다.

"서희야, 너는 나의 온 우주야. 네가 없어지면 나는 못 살아."

나는 그 눈빛을 뿌리치고 떠났지만, 엄마의 간절하면서도 슬픈 눈빛은 오래도록 내 마음에 새겨졌다. 그 눈빛을 떠올리곤 할 때면 이런 생각이 들었다. 나는 엄마라는 나무에 엉겨 붙어 자라는 덩굴식물은 아닐까? 내가 엄마를 칭칭 감고 있지 않았다면 엄마는 지금쯤 아름드리나무로 자라지 않았을까?

**애지중지하던 존재를 위한
최고의 선물**

전미화의 그림책 《그러던 어느 날》에도 식물성 인간이 등장한다. 표지에 나체의 몸, 큰 손, 갸우뚱한 얼굴을 한 채 당당히 앉아 있는 여자가 바로 식물성 인간이다. 이 여자도 처음부터 식물성 인간이었던 것은 아니다. 여자는 벤치에 앉아서 삼각 김밥과 초코 우유로 점심을 때우고, 회색빛 딱딱한 사무실 의자에 앉아 일하면서 퇴근 시간을 기다린다. 그리고 사람들이 가득한 지옥철을 타고 피곤한 얼굴로 집으로 돌아가던 어느 날, 사고로 다리를 다친다.

한쪽 발에 깁스해서 움직임이 쉽지 않자 여자는 좁은 방에 머물게 된다. 혼자 식사를 하는 그녀의 무채색 방에는 TV 소리만 공허하게 울린다. 안대를 끼고 잠든 여자의 머리맡에 수많은 알약 통이 놓여 있다. 무료한 일상을 보내고 있는 여자에게 어느 날, 누군가가 용서해달라는 쪽지와 함께 작은 화분을 보낸다.

아무렇게나 방치해둔 식물이 시들시들 축 처지자 여자는 화분을 햇빛이 드는 곳으로 옮겨놓는다. 다행히도 햇빛 아래에서 식물은 쑥쑥 자라 꽃을 피운다. 식물을 큰 화분에 옮겨 심으니 더 힘차게 자라는 것을 발견한 여자는 분갈이용 모종삽과 흙, 비료를 사 모으며 반짝반짝 윤이 나게 식물을 기른다. 어느새 크고 작은 화분이 늘어나 그의 방 안을 가득 채운다. 이윽고 초록빛 식물들이 여자의 머리맡에 놓인 알약 통을 대신한다.

애지중지 기르던 식물에 해줄 수 있는 최고의 선물은 무엇일까? 여자는 꿈속에서 아이디어를 얻는다. 제 기량을 다 펼치고 자라난 울창한 식물을 보는 꿈이었다. 여자는 1.5톤 파란색 트럭에 식물들을 옮겨 담아 어디론가 간다. 그리고 화분이 아닌 살아 있는 땅, 노지에 식물을 심는다. 푹푹 땅을 파서 식물이 제 뿌리를 깊숙이 내릴 수 있게 한다. 식물을 그것이 태어났던 자연으로 돌려보내주는 것이다. 넓적하고 커다란 이파리들 사이에서 여자는 입고 있던 옷을 훌훌 벗어 던지고 덩실덩실 춤을 춘다.

그림 속에서 나체로 춤을 추는 여자의 유난히 큰 손이 돋보였다. 큰 손을 보고 있으니 도자기를 빚는 엄마의 손이 떠올랐다. 내가 엄마의 울타리에서 벗어나려고 발버둥을 치던 때, 엄마의 나이는 마흔여덟 살이었다. 독립을 열망하는 자식을 바라보며 그 무렵 엄마는 도자기를 배우기 시작하셨다. 엄마는 식물을 기르듯이 나를 길렀고, 이제는 나를 길러왔듯이 도자기를 굽고 계신다. 엄마가 흙을 매만지며 생명을 불어넣는 모습을 가만히 보고 있으면 온 마음을 다하는 집중력에 마음이 겸허해진다. 어느새 엄마는 화분에 있던 나를 바깥에 옮겨 심으셨구나 하고 생각하게 된다.

꿈을 꾸는 다정 씨는
다정하기도 하지

우리 엄마가 마흔 살 후반에 도자기를 빚기 시작한 것처럼 화가 윤석남도 마흔 살에야 그림을 그리기 시작했다. 그래서인지 윤석남의 그림책 《다정해서 다정한 다정 씨》의 등장인물들을 볼 때마다 엄마의 얼굴이 자꾸 겹쳐 보였다. 《다정해서 다정한 다정 씨》에 등장하는 여자들은 하나같이 쓸쓸하고 외로워 보인다. 그들은 얇은 줄에 매달린 자그마한 그네 위에 위태롭게 앉아 있다. 그네 위에서 여지는 조용히 읊조린다.

내가 보인다

듣지도 않고
보지도 않고
말하지도 않고
돌아서서
검은 자루 속에 숨어
숨죽이고 있다

엄마는 자신의 모든 에너지를 나에게 쏟아붓는 동안 자신을 돌볼 여력이 없었을 것이다. 나를 저 바깥세상으로 옮겨 심기 전까지, 엄마는 우리 네 식구의 식사를 챙기고, 청소하고, 빨래하는 노동이 일상의 전부였다. 다행히도 지금의 엄마에게는 공허함만 남아 있지 않다. 윤석남은 자신의 딸을 떠올리며 말한다.

너 안에 나
나 안에 네가 있음에
살아 있어 너를 보는 것이
행복하구나, 아이야

엄마가 준 사랑은 일방적이지 않다. 엄마 안에 내가 존재하고, 그래서 엄마는 행복하다. 엄마가 나에게 사랑을 쏟아부은 만큼, 나도 엄마에게 사랑과 행복을 주었다. 그림책을 몇 장 더 넘기자 표지의 그림처럼 하늘색 옷을 입은 주름진 할머니의 꼬부라진 등 위에 개미, 달팽이, 새, 나비가 사이좋게 앉아 있다. 할머니 위에 이런 문장이 있다.

꼬부라진 등도 쓰임새가 있다, '공생'

공생이라는 단어를 본 순간, 안도감이 밀려들었다. 나는 엄마에게 기생하는 살아온 것이 아니었구나. 우리는 공생하며 살아왔구나. 내가 엄마를 옥죄어 숨을 못 쉬게 했던 순간도 물론 있었겠지만, 엄마도 나를 키우는 동안 나날이 성장하는 생명을 기르는 일에서 기쁨을 찾았겠구나. 윤석남은 한 신문사와의 인터뷰에서 이렇게 말했다.

"제가 얘기하고 싶은 모성은 나의 아이 낳고 키우는 그런 범주의 것이 아니라, 물질문명으로 파괴되고 있는 자연의 힘을 복원하고, 사랑하고, 보듬는 힘을 뜻합니다. 모순적인 우주의 삶 자체를 보듬을 수 있는 힘이 비로 모성이죠."

윤석남이 말하는 모성의 힘이 바로 식물성 인간이 지닌 힘이 아닐까? 자연스레 성장해나가는 생명을 믿고, 그저 곁에서 지켜보고, 보듬어주는 일. 이 따뜻한 손길 덕분에 이해할 수 없는 일들로 가득 찬 삶을 살아가면서도 우리는 모순과 얼룩을 툭툭 털어내고 다시 앞으로 나아갈 수 있다. 우리가 선선히 앞으로 걸어가는 모습을 보며 우리를 보듬어주던 존재는 개운한 심정을 느낄 것 같다. 힘차게 뻗어가는 초록 잎을 보면 개운해지는 것처럼 말이다. 꼭 자식을 낳아 키우지 않더라도 무언가를 기르고 가꾸는 이라면 그 흔쾌한 심정을 알 것이다.

요즘의 나도 엄마처럼 식물성 인간이 되어가고 있다. 엄마와 나는 식물을 주고받는다. 엄마가 직접 만든 도자기에 식물을 심어주면 나는 그 식물을 내 집 창가에 두고 기른다. 그러다 보면 잎이 누렇게 되거나, 생기를 잃어버리는 화분이 꼭 생긴다. 그 화분을 다시 엄마의 도자기 공방으로 보낸다. 도자기 공방 이름은 '초명공방'. 밝은 풀의 기운을 받아 시들었던 식물은 기운을 차린다.

다시 건강해진 식물을 나에게 건네주면서 엄마는 물을 얼마나 주고, 어디에 놔야 하는지 일일이 말로 알려주지 않는다. 그저 이 동글동글한 작은 이파리가 얼마나 예쁜지, 꽃을 피우면 향기가 얼마나 황홀한지 꿈꾸는 눈동자로 알려주신다. 나의 화분들은 오늘도 초보 식물성 인간 옆에서 자라나기 위해 최선을 다한다. ◆ 우서희

《그러던 어느 날》 (전미화 글·그림, 문학동네, 2019)

여자는 회색빛 도시에서 꾸역꾸역 일하며 지낸다. 그러던 어느 날, 여자는 발을 다친다. 여자는 어쩔 수 없이 집 안에 틀어박혀 하루하루를 보낸다. 그러던 어느 날, 누군가가 작은 식물이 담긴 화분을 보낸다. 이 작은 식물은 여자의 일상을 바꾸어버린다. 여자의 어두운 방이 햇빛으로, 식물로 밝아진다. 식물이 우리에게 전해주는 맑고 힘찬 생명력, 그리고 우리가 다시 식물에 줄 수 있는 사랑을 생각해보게 한다.

《다정해서 다정한 다정 씨》 (윤석남 글·그림, 한성옥 기획·구성, 사계절, 2016)

여자로 산다는 것. 여자로 살면서 예술을 한다는 것. 여자로 살면서 아이를 키우며 예술을 한다는 것. 온갖 어려움이 도사리고 있는 그 길을 헤쳐 나온 기록이 화가 윤석남이 일흔여덟에 펴낸 이 그림책에 고스란히 담겨 있다. 화가 윤석남의 드로잉과 에세이를 그림책 작가 한성옥이 구성했다. 아주머니, 할머니, 딸, 엄마의 몸이 곧장 부서질 것처럼 얇은 선으로 그려져 있지만, 이들의 커다랗고 두툼한 손에는 투지와 긍지가 스며 있다.

공해가 소리가 되는 순간

여느 날과 다를 바 없는 아침이었다. 대학생이던 나는 가족들과 함께 아침 식사를 한 뒤, 모두가 출근과 등교를 위해 서둘러 집을 나선 이후에도 화장실에서 혼자만의 여유를 누리고 있었다. 아침형 인간이 못 되어서 시간표를 짤 때, 아침 수업은 넣지 않은 덕분에 가능한 여유였다. 느릿느릿, 개운하게 몸을 단장하고 나오는 순간이었다. 오래된 아파트의 안방 화장실 문에 무슨 문제가 생겼는지, 아무리 잡아 흔들어도 문이 열리지 않았다. '이미 출근한 엄마에게라도 도움을 청해야 한다!'라고 생각한 순간, 나는 알았다. 화장실에 핸드폰을 들고 오지

않았다는 사실을. '망했다. 시험도 있는 날인데!'

짧은 시간 집중적으로 머리를 굴려 생각을 쥐어짜봐도 밖으로 나갈 묘안이 떠오르지 않았다. '에라, 모르겠다.' 이왕 이렇게 된 거 시험이고 뭐고 대학생의 여유를 끝까지 누려보자 싶었다. '피치 못할 사정이 있었다고 말씀 드리면 교수님도 봐주시겠지, 봐주실 거야……' 화장실 밖으로 나가길 포기한 나는 욕조를 바라보며 누구의 간섭도 받지 않고 하루 온종일 반신욕을 하는 상상을 했다. 욕조에 뜨끈한 물을 가득 받아 물에 둥실둥실 떠 있으면 세상을 다 가진 듯한 마음이 들 거라고 스스로를 위로하면서.

하지만 반신욕 상상도 잠시. 대충 헤아려봐도 가족들이 집에 돌아오려면 적어도 10시간은 더 기다려야 한다. 10시간 동안 물속에 있겠다고? 손과 발뿐 아니라 온몸이 쪼글쪼글해지다 못해 퉁퉁 불어 터져버릴지도 모를 내 모습을 생각하니 정말이지 끔찍했다.

몇 분이나 지났을까? 상상만으로도 화장실 안의 습기가 점점 나를 조여와 숨이 턱 막히기 시작했다. 1평 남짓한 화장실이라는 작은 큐브에 나만 덩그러니 남겨진 느낌이었다. 시간이 지나면 이 큐브는 어두컴컴해지다가 소멸해버릴 것 같았다. 내가 화장실에 들어온 뒤로 도대체 얼마나 더 시간이 흐른 것인지 알 수 없을 만큼 차츰차츰 시간 감각이 사라졌다. 조금씩 공포감이 몰려왔다. '어떻게 해서든 여길 빠져나가야 해!'

나는 다시 한 번 문을 있는 힘껏 두드리고, 발로 차기 시작했다. 문은 열릴 기미가 없었고 내 주먹과 발만 아팠다. 문이 부서지면서 살에 나무 가시라도 박히면 어쩌나 하는 걱정도 들었다. 방법을 바꿔 그다음에는 문고리만 공략했지만, 아무리 잡아 흔들어도 빠질 생각을 하지 않았다. 화장실을 둘러보며 도구를 찾았다. 그나마 단단해 보이는 물건은 칫솔과 면도기, 샴푸통 정도였다. 문을 부수기엔 가당치 않은 것 같아서 포기.

우리 집 위아래에 누가 살더라?

다시 화장실 구석으로 돌아와 찌그러져 앉아 체념하고 있을 즈음이었다. 윗집에서 '콰아아' 하는 소리가 들려왔다. 나를 구조해줄 것 같은 희망의 소리였다. '사람이다!' 나는 윗집에 사는 그분이 화장실을 떠나기 전에 재빠르게 변기 위로 올라가서 천장을 두드리기 시작했다.

"도와주세요!! 도와주세요!!!"

안간힘을 쓰며 소리를 질렀지만, 한 줄기 희망은 윗집에 가닿지 않았다. 화장실에 다녀간 그분께서는 아랫집 화장실에서 구조 요청을 하리라는 생각은 상상조차 하지 못하셨을 터. 다시 한참을 기다렸다. '그분이 또 한 번 화장실을 사용할 때까지 기다리자!'

처음으로 윗집의 소리에 귀를 기울였다. 아랫집 소리에도 귀를 기울였다. 나는 화장실 바닥과 천장을 오가며 귀를 바짝 가져다 대고 작은 소리에도 집중했다. 귀를 대고 있는 동안 생각했다. 우리 집 위아래에 누가 살더라? 아랫집 아주머니, 윗집 아저씨와 딸 정도는 오고 가며 본 적이 있으나 다른 사람들의 얼굴은 도무지 떠오르시 않았다. 10여 년을 한 집에서 살았는데 우리 집 위아래에 누가 사는지 제대로 몰랐다.

그저 윗집에서 내는 소리가 싫었을 뿐이었다. 윗집에서는 종종 무섭게 싸움을 벌였기 때문이다. 와다닥 달리기 일쑤였고, 쨍그랑 무언가가 날아가다 떨어졌다. 하필 수능 준비를 하느라 예민했던 고3 시절을 윗집의 소리와 함께 보냈기 때문에 윗집에 대한 감정은 좋을 리 만무했다. 윗집 소리에 짜증이 나서 다른 곳으로 공부 자리를 옮기면 그곳에서 또다시 우당탕 탕. 누가 누구와 싸우는지는 알 수 없었다. 항상 화내는 아저씨의 목소리만 들렸기 때문이다.

오정희 작가의 단편소설을 그림책으로 엮어낸 《소음공해》

에서 교양 있어 보이는 주인공도 윗집에서 내는 알 수 없는 소리 때문에 감정이 터지기 일보 직전이다. 주인공은 심신장애인 시설에서 자원봉사자로 일하며 보람을 느끼는 중년 여성이다. 그녀는 고등학생인 두 아들과 남편 뒷바라지로도 하루 일과가 벅차지만, 한나절 심신이 지칠 정도로 봉사를 한 후, 가끔씩 누리는 꿀 같은 휴식으로 살아 있다는 행복을 느낀다. 아들과 남편이 없는 틈을 타 커피를 진하게 내리고 슈베르트의 〈아르페지오네 소나타〉를 듣고 있노라면 주인공은 현재 이러한 모습으로 살아가리라는 것은 상상도 할 수 없었던 시절로 빠져든다.

그러나 안타깝게도 주인공의 꿀 같은 휴식은 꿈같은 일이 되고 만다. 윗집에 새로운 세대가 이사를 온 이후로, 하루도 빠지지 않고 둔탁한 드르륵 소리가 들리기 때문이다. 소리라고 칭하자니 주인공에게 미안할 정도다. 주인공에게는 그 소리가 소음이고, 공해였으니 말이다.

아파트라는 공간은 참 특이하다. 물리적으로는 그 어떤 주택 양식보다도 이웃집과 가장 가깝게 다닥다닥 붙어 있지만 심리적으로는 가장 먼 사이로 살아간다. 층간소음 문제로 마음의 거리가 멀어진 이웃이 요즘 어디 한둘인가? 자잘한 생활 소음조차도 귀에 거슬리지만, 그걸 문제 삼자니 내가 쪼잔한 사람이 되는 것 같고, 그렇다고 해서 어디까지 어떻게 참아줘야 할지도 모르겠다.

크게 화를 냈다가는 끔찍한 대형 사건으로 이어질 수 있다는 것도 뉴스에서 종종 접했다. '이웃사촌'은 이제 옛말이 된 지 오래고, 이웃의 존재 자체가 공해로 느껴지는 시대. '소음을 유발하는 이웃이 없으면 조용하고 편안한 삶을 살 수 있지 않을까?' 하고 생각하는 주인공의 모습은 평범한 우리를 보는 것 같다. 봉사활동까지 하며 열심히 산다고 자부하고, 교양 있는 삶을 지향하는 주인공이 도대체 무얼 잘못했기에, 공동생활의 기본적인 수칙도 모르는 이웃의 소음공해에 시달려야 한단 말인가?

오랜 인내 끝에 우리의 주인공은 인터폰을 들고 만다.

이웃의 소리에 마음을 기울이면

화장실에 혼자 고립되는 일을 겪고 나서야, 처음으로 이웃의 소리가 절실해졌다. 소음이어도 좋으니 제발 누군가가 소리를 내주기를 간절히 원했다. 그러나 이날따라 윗집과 아랫집 모두 고요했다. 그때 적막을 깨고 '위이잉' 소리가 들려왔다. 윗집에서 청소기를 돌리는 것이 분명했다. 청소기를 돌린 후라면 분명 손을 씻기 위해 화장실에 들어오리라는 희망이 생겼다. 나는 변기 위에 다시 올라가서 청소기 소리가 멈추기만을 기다렸다. 어느덧 소리가 잦아들었다. '이때다!'

"도와주세요!!!! 도와주세요!!!!!!!!"

처음보다 스무 배는 더 큰 목소리로 외쳐댔다.

"무슨 일 있어요?"

드디어, 나의 간절한 외침이 화장실 천장을 뚫고 윗집에 가 닿았다!

우리는 화장실 천장과 바닥을 사이에 두고 큰 소리로 대화를 나눴다. 윗집에 사는 분께서는 119에 신고를 해주신다고 했다. 휴, 이제 살았다!

우여곡절 끝에 화장실 문이 열렸을 때, 나는 세상의 빛을 다시 찾은 기분이었다. 동시에 부끄러움이 몰려왔다. 우리 집 안방 화장실 앞에 119 구조대원 분들, 경비원 아저씨, 윗집 아주머니, 경찰관 분들까지 적어도 예닐곱 분이 와 계셨기 때문이다. 알고 보니 윗집 아주머니께서 "도와주세요"라는 내 목소리를 "살려주세요"로 오해하셨던 것. 젊은 여자가 화장실에서 살려달라고 하는 소리를 들으셨으니, 아주머니께서 놀라셨을 법도 했다. 혹시나 무슨 큰일이 생겼을까 하고 안전과 치안을 담당하는 지역사회의 구세주 분들께서 이렇게나 잔뜩 출동하실 줄은 꿈에도 몰랐다. 그저 감사할 따름이었다.

특히 나를 살려주신 윗집의 '그분'께는 이후에 빵을 사 들고 가서 다시 한 번 감사 인사를 드렸다. 윗집 아주머니의 얼굴을 제대로 본 것은 그날이 처음이었다. 얼굴도 모른 채 원망만 하던 이웃이 은인이 된 순간이었다.

만약 윗집 아주머니께서 나의 구조 요청 소리를 듣지 못하셨더라면? 나는 아마 반나절 이상을 그 좁고 습한 화장실에서 버텨야 했을 것이다. 잠깐 갇혔던 것만으로도 오싹했는데, 그보다 긴 시간을 버텨야 했더라면 어쩌면 지금쯤 나는 폐소공포증을 가지고 살아가야 했을지도 모른다. 그랬다면 엘리베이터는 탈 수 있었을까? 비행기를 타고 여행은 다닐 수 있었을까? 생각만 해도 끔찍한 일이다.

공해가 소리가 되는 순간

그렇다면 인터폰을 집어 든 《소음공해》의 주인공은 과연 문제를 해결할 수 있었을까? 교양 있게 경비원을 통해서 간접 신고를 했더니 "충분히 주의하고 있으니 염려 마시랍니다"라는 이야기뿐, 드르륵드르륵 소리는 여전하다. 이쯤 되면 싸우자는 것인가 하는 생각도 든다. 직접 통화를 나눠도 아무 소용이 없자 주인공은 결국 윗집으로 출동을 나서기에 이른다. '사려 깊고 양식 있는 이웃으로서 공동생활의 규범에 대해 조곤조곤 타이르리라' 다짐하며 신통방통한 선물 '푹신한 슬리퍼'를 들고 전투적으로 계단을 올라가는 주인공의 모습이 인상적이었다. 그렇게 뿜어져 나오는 화를 간신히 누르며 주인공은 윗집 현관 벨을 누르는데…… 문을 열고 나온 윗집 주인은 휠체어에 앉아 있다. 담요를 덮은 휠체어의 하반신 부분이 텅 비어 허전해 보인다.

심신장애인시설에서 봉사하는 자신의 삶을 자부하던 주인공은 윗집 주인의 휠체어에서 황급히 시선을 떼며 할 말을 잃은 채 슬리퍼 든 손을 등 뒤로 감춘다. 소음의 실체는 장애가 있는 윗집 주인이 타던 휠체어 소리가 아닌가. 장애인시설에서 봉사하는 것에 자부심을 느끼던 주인공이 크게 당황했을 만하다. 멀리 있는 시설까지 가서 봉사를 해왔지만 정작 바로 윗집 사정은 모르고 분노하다니. 엘리베이터에서 한 번이라도 인사를 나누었다면 이렇게 얼굴 붉힐 일은 없었을 텐데, 이웃 간의 최소한의 소통 부재로 이 사단이 났다. 우리는 가장 가까운 공간에서 이렇게나 소통 없이 살아가고 있다.

이웃 간에 소통 없이 살아가던 것은 나 역시 마찬가지였다. 《소음공해》의 주인공 가족들이 소음의 원인을 추측했던 것처럼 우리 가족도 윗집 사정을 두고 갖가지 추측을 했더랬다. 오며 가며 윗집에 대해 알게 된 바가 있다면 그 집에 장애가 있는 아들이 살고 있다는 사실 정도였다. 놀랍게도 20년을 위아래 집에 살면서 나는 윗집 아들과 단 한 번도 마주친 일이 없었다. 얼굴도 모르면서 그저 내가 공부할 때 소란을 피운다고 불평만 했었다.

누구의 소리였는지 정확한 사정은 지금도 알 길이 없지만, 명확하게 남은 사실 하나는 성가신 이웃으로만 생각했던 이웃으로부터 위기의 순간에 내가 도움을 받았다는 점이다. 도움이라는 것은 상황에 따라 누가 줄지 모르고, 누구에게 받을지 모르는 일이라는 것을 몸소 실감했다.

그렇게 한 번 소통의 물꼬가 트이고 나니, 작지만 놀라운 변화가 찾아왔다. 그 이후로도 종종 윗집에서는 시끄러운 소리가 들려왔지만, 그 소리가 더 이상 성가신 소음공해로 느껴지지 않게 된 것이다. 분명 같은 소리인데, 극적인 소통 이후로 비로소 이웃의 사정이 내 귀에 들리기 시작했다. 나는 오늘도 내 머리 위에 사는 윗집을 올려다보며 담담히 안부 인사를 건넨다.

'오늘은 어떤 사정으로 그러시는 걸까. 부디 힘든 일은 없으셔야 할 텐데.' ◆ 김설아

《소음공해》 (오정희 글, 조원희 그림, 길벗어린이, 2020)
오정희 작가의 단편소설이 조원희 작가의 그림과 만나 그림책으로 탄생했다. 이 책에서는 심신장애인시설에서 봉사를 하고, 클래식을 즐기는 교양 있어 보이는 주인공이 층간소음 문제로 분노를 터트리는 과정을 통해 층간소음 문제를 겪으며 살아가는 평범한 우리들의 모습을 보여준다. 이야기의 말미에서 소음의 정체가 반전처럼 밝혀지면서, 이웃의 사정을 모르면 '공해'로 여겨지는 소음이 사정을 알고 마음을 기울이면 더불어 살아갈 만한 소리라는 사실을 깨닫게 한다.

3장

그림책

더 넓은 세상으로 향하는 시작

우연을 가장한 선물

"말도 안 돼! 지금 우리 비행기 놓친 거야?"

믿을 수 없었다. 우리는 하와이행 비행기를 놓치고 말았다. 나와 남편은 뉴욕 JFK 공항 구석에 널브러진 포대 자루처럼 앉아서 망연자실한 표정으로 서로를 바라보았다. 보름간의 뉴욕 여행을 마치고 한국으로 돌아가는 길, 하와이에 들러 닷새 동안 해변을 누리면서 칵테일과 함께 선베드에 누워 휴가를 마무리하려던 참이었다. 칵테일은커녕 기내용 목 베개를 어깨에 얹은 공항 패션 차림으로 뉴욕에 덩그러니 남게 될 줄은 꿈에도 몰랐다.

떠나간 비행기에 짐을 모두 부쳐버린 터라 우리가 믿고 의지할 것은 달랑 손가방 하나뿐. 가방을 탈탈 털어봐도 노트북과 여권, 지갑이 전부다. 갈아입을 옷은커녕 칫솔이나 얼굴에 바를 로션도 없다. 당장 하와이에 예약해둔 호텔도 그대로 날려야 하고, 비행기도 새로 예약해야 하는 상황이다. 하필 때는 금요일, 하와이안 항공은 주말에 운항하지 않는다는 청천벽력 같은 소식을 듣고 무릎이 꺾여버렸다.

겨우 정신을 가다듬고 공항에서 노트북으로 비행기표를 찾아보니 방법은 딱 하나, 다음 날 아침 애틀랜타를 경유하는 비행기를 타는 것뿐이었다. '휴우, 애틀랜타 공항을 이렇게 가보는구나.' 울며 겨자 먹는 심정으로 비행기표를 새로 예약했다. 모든 것이 엉망이 되었지만 이대로 공항에 앉아 하룻밤을 보낼 수는 없었다. 우리는 뜻밖에 주어진 뉴욕에서의 하루를 어디에서 보내야 할지 생각해야 했다. 여행 내내 줄곧 맨해튼에서 시간을 보냈던 우리는 서로를 바라보면서 이렇게 말했다.

"그래, 브루클린으로 가자."

우연히 만나게 된
브루클린 서점의 노란 불빛

그렇게 JFK 공항을 떠나 우리는 터덜터덜 브루클린으로 향했다. 처음엔 모든 것이 시큰둥했다. 브루클린 다리를 건너면서도 이런 생각뿐이었다.

'지금쯤이면 호놀룰루 공항에 내려서 빨간색 오픈카를 타고 신나게 해안도로를 달리고 있을 텐데.'

급하게 숙소를 잡고 체크인을 하면서도 어깨가 축 늘어지기만 했다.

'지금쯤이면 해변이 보이는 호텔에서 통유리 창을 활짝 열어젖히고서 웰컴 드링크를 우아하게 마시고 있을 텐데.'

마음은 이미 비행기를 타고 하와이로 떠나버린 터라 뉴욕에선 뭘 해도 흥이 나지 않았다.

김빠진 콜라처럼 그렇게 하루를 보내고 해질녘이 되었다. 아무리 엉망진창인 하루도 이맘때 노을을 만나면 촉촉한 붓으로 주황빛 수채물감을 칠한 듯 아름답게 피어난다. 남편과 풀밭에 앉아 브루클린 다리 너머로 흐드러지게 번져가는 노을빛을 넋 놓고 바라보았다. 풍경과 우리가 만나 하나의 장면이 되자 브루클린에서 뜻밖에 머물게 된 오늘 하룻밤이 꽤 낭

만적이고 근사하게 느껴졌다. 우리는 손을 잡고서 반짝이는 금빛 노을이 내려앉은 브루클린 거리 구석구석을 걷고 또 걸었다.

그렇게 노을 속을 걷다가 사위가 어둑어둑해질 즈음, 한 서점에 발길이 닿았다. 서점 이름은 파워 하우스 아레나Power House Arena. 맨해튼 다리와 브루클린 다리 사이에 위치한 공간이었다. 마침 이 서점에서 한창 북 런칭이 펼쳐지고 있었다. 북 런칭의 주인공은 《The Luster of lost things(잃어버린 것들의 빛)》라는 소설을 쓴 소피 첸 켈러였다. 노란 불빛 아래 독자와 작가가 한데 어우러지는 자리였다. 따뜻한 분위기에 이끌려 미끄러지듯 서점 안으로 들어갔다.

강연이나 토크 형식으로 진행되는 한국의 북 런칭 장면과는 달리 이날의 북 런칭은 마치 스탠딩 칵테일파티처럼 모두가 일어서서 자유롭게 돌아다니면서 이야기를 나누는 모습이었다. 주인공 소피 첸 켈러도 강연자의 자리에 서 있지 않고 사람들 틈을 돌아다니면서 축하와 사랑을 나누었다. 나도 그 시간을 간직하기 위해 작가의 책을 한 권 사서 사인을 받고 이야기도 나누었다. 베이징에 거주한 경험이 있는 작가는 한국에서 온 나를 반가워해주었다.

분위기가 무르익자 흘러나오는 음악에 따라 서점 공간의 조명이 바뀌기 시작했다. 잔잔한 재즈 음악이 흐르다가 어느 순간 강렬한 비트의 음악으로 넘어가자 번쩍이는 조명이 서점을 가득 채웠다. 음악 소리가 커지고 조명이 화려해지자 사람들이 환호하더니 몸을 가볍게 흔들면서 그루브를 타기 시작했다. '여긴 어디인가? 클럽인가 서점인가!'

보름간의 뉴욕 여행 중 맨해튼에서 여덟 군데가 넘는 서점을 만났지만 이런 공간은 처음이었다. 서점 매니저가 윙크를 하며 다가와 플라스틱 와인 잔에 레드 와인을 따라주었다. 번쩍이는 불빛 아래에서 와인을 홀짝홀짝 마시다보니 어느새 나도 점점 흥이 오르기 시작했다.

여행은 때때로 우리에게
예기치 않은 선물을 선사한다

참새가 방앗간을 그냥 지나칠쏘냐. 제아무리 불빛이 번쩍이고 왁자지껄 시끄러워도 내 시선은 서점 곳곳에 놓인 그림책들에 머물렀다. 이 서점에서 베아트리체 알레마냐의 그림책 《On a Magical Do-Nothing Day》(한국에서는 《숲에서 보낸 마법 같은 하루》라는 제목으로 출간되었다)를 만났다. 'Do-Nothing Day'라는 말이 김빠진 콜라처럼 축 늘어져 있던 이날 내 하루와 찰떡궁합이라는 생각이 들어서 침을 꼴깍 삼키면서 표지를 열었다.

한 아이가 여름방학을 맞아 엄마와 함께 숲속에 있는 조용한 집에서 휴일을 보낸다. 이 별장에서 엄마는 매일 말없이 글을 쓰고, 아이는 소파에 누워 게임기만 두들긴다. 아이는 게임기로 화성인을 죽이는 것 말고는 무엇에도 관심이 없다.

엄마의 잔소리가 시작되자 아이는 귀를 틀어막은 채 밖으로 나간다. 시큰둥한 마음으로 우비를 입고 집을 나서보지만 비가 추적추적 내리는 숲도 따분하기만 할 뿐, 흥미로운 구석이라곤 찾아볼 수 없다. 설상가상 연못을 건너다가 그만 엄마 몰래 챙겨 나온 게임기까지 물속에 빠뜨리고 말았으니, 이를 어쩌면 좋을까? 아이는 퍼붓는 빗속에 황망하게 앉아서 절규한다. 이제 이 지루한 숲에서 대체 뭘 하고 놀면 좋을까?

아이는 기운이 쭉 빠진 채 빗물 사이로 기어가는 달팽이 네 마리를 바라본다. 그러다가 달팽이 더듬이를 쓰다듬어보는데, 순간 몰캉하고 끈적끈적한 질감과 함께 손끝에서 전율이 느껴진다. 찌릿해진 손끝을 타고 아이의 감각이 활짝 열리자 딱히 볼 것도, 재미있을 것도 없다고 생각했던 숲에서 마법 같은 일이 벌어진다.

특별할 것 없어 보였던 오솔길을 걷는데, 비에 젖은 버섯의 진한 향기가 코끝을 찌르며 가슴 깊숙이 전해져온다. 그 향긋한 버섯 향에 취한 채 손가락으로 땅을 파헤치다 보니 씨앗과 알갱이, 뿌리와 열매를 만지느라 온몸이 흙으로 범벅이 된다.

우연히 게임기를 잃어버린 덕분에 아이는 예기치 못한 경험을 했다. 비탈길을 달리면서 심장박동을 느끼고, 바람 냄새를 맡고, 투명한 조약돌을 눈에 대고 세상을 바라보았다. 만약 게임기를 잃어버리지 않았더라면 어땠을까? 아마도 숲에서 별다른 것을 발견하지 못한 채 방으로 돌아와 다시 게임기를 두들겼을지 모른다. 아이는 숲에 온전히 던져진 덕분에 이전에 몰랐던 새로운 감각으로 순간을 만끽할 수 있었다.

여행은 때로 우연을 가장하여 예기치 못한 선물을 안겨준다. 이날 우리는 뜻밖에 하와이행 비행기를 놓친 덕분에 브루클린에서 하룻밤을 보냈고, 덕분에 파워 하우스 아레나 서점과 우연히 만날 수 있었다. 그날 우리가 무사히 비행기를 탔더라면 어땠을까? 예정대로 오픈카를 타고 해안도로를 달리면서 달콤한 휴식을 취할 수 있었겠지만, 브루클린의 이 매력적인 서점과 북 런칭, 그리고 이날의 이 와인과 음악과 그림책의 환상적인 조합은 영원히 경험하지 못했을 것이다.

겹겹이 쌓인 우연이 모여
인생의 아름다운 추억이 되고

뉴욕에서 만난 서점이 이토록 강한 인상을 남긴 탓에 우리는 또다시 서점 여행을 계획했다. 2년 후 여름, 남편과 나는 런던과 파리로 여행을 떠났다. 런던에서 여덟 군데, 파리에서 여섯 군데의 서점을 둘러볼 생각이었으나 이번에도 여행은 우리에게 우연을 가장해 계획하지 않은 뜻밖의 선물을 안겨주었다.

그날은 파리 거리에 비가 추적추적 내렸다. 몸이 으슬으슬해진 우리는 근처 어딘가에서 잠시 쉬고 싶은 생각에 구글 지도 앱을 켜놓고 생 미셸 광장 근처의 골목을 구석구석 더듬고 있었다. 그러다 우연히 서점 하나를 발견했다. '어베이Abbey 서점이라…… 이 근처에 서점이 있었던가?' 한국에서 유럽 서점에 관한 책을 여러 권 읽고서 여행을 떠나왔지만, 이 서점은 그 어떤 책에도 등장하지 않은 신비로운 공간이었다.

우리 부부가 우산 하나에 의지한 채 꼭 붙어서 골목을 기웃거리고 있자 인상 좋은 할아버지 한 분이 이리 오라고 손짓하셨다. 가까이 가보니 우리가 찾던 어베이 서점이었다. 서점 입구에는 책이 담긴 나무 박스가 가득 쌓여 있었고, 파라솔 아래 테이블에는 빨간색 주전자 안에 따뜻한 홍차가 담겨 있었다. 할아버지는 지나가는 사람들 누구나 목을 축이고 쉬었다 갈 수 있도록 언제나 이렇게 차를 준비해놓는다고 말씀하셨다. 할아버지가 내어주는 찻잔을 손에 꼭 쥐고서 뜨끈한 차를 한 모금 마시니 비에 젖은 몸이 프라이팬 위의 버터처럼 사르르 녹았다.

우산을 접고 입구에 들어서자 습기를 머금은 종이 냄새가 훅 코끝을 파고들었다. 서점 안에는 바닥부터 천장까지 책장이 빼곡했는데 책장과 책장 사이로 한 사람만 겨우 지나갈 수 있을 정도로 사방이 온통 책으로 둘러싸여 있었다. 책장을 살펴보니 다른 서점과는 달리 가죽으로 양장한 오래된 고서적들로 가득한 점이 인상 깊었다.

그중에서도 표지를 가죽으로 양장하고 면지는 터키 전통 마블링 기법인 에브루Ebru로 만든 멋스러운 책들이 내 눈에 들어왔다. 책이 귀했던 시절에 책을 하나의 예술 작품처럼 대하며 공들여 만든 흔적이 돋보였다. 나는 두 권의 책을 골랐다. 멋스러운 빨간 가죽 양장에 고대 시를 담은 책, 그리고 청록색이 오묘하게 감도는 가죽 표지를 가진 극작가 몰리에르의 책이었다. 책방 주인 할아버지는 엄지를 척 올리시더니 왁스를 꺼내어 표지를 정성스레 닦아주셨다.

1층의 고풍스러운 공간에서 한창 책에 빠져 있는데 할아버지는 우리 부부를 지하 공간으로 인도했다. 할아버지를 따라 허리를 깊게 숙인 채 좁고 가파른 계단을 내려갔더니…… 세상에! 끝도 없이 이어지는 책을 따라 개미집 같은 지하 동굴 세계가 펼쳐졌다. 우리 부부는 시계토끼를 따라 굴 속으로 빨려 들어간 앨리스처럼 입을 떡하니 벌린 채 이상한 나라 속으로 빠져들었다. 비가 다 그치고 날이 어둑해질 때까지, 우리는 뜻밖에 만난 이 기묘한 책 공간에서 시간 가는 줄 모르고 책을 탐닉했다.

**하루 치의 축복을 건네받고
삶 전체를 축복해준 소중한 인연을 기억하며**

파리에 머무는 마지막 날, 그날은 눈부신 햇살이 거리를 청아하게 비추고 있었다. 우리는 공항으로 향하기 전에 시간을 내어 다시 어베이 서점을 찾았다. 선물처럼 우연히 발견한 이 매혹적인 책 공간에서 파리와 작별 인사를 하고 싶었기 때문이다.

책방 주인 할아버지가 반가워하시며 이번에는 우리를 서점의 더 깊숙한 곳으로 인도해주셨다. 두더지가 땅속 굴을 파고 들어가는 것처럼 서점을 파고들다가 어린이책 코너를 만났다. 눈에 익은 책들도 많았는데 그 가운데 신비로운 책을 발견했다. 무려 지금으로부터 50년 전인 1968년에 출간된 《Chinese Mother Goose Rhymes(중국 마더구스 라임)》라는 책이다. 이 책은 한자 인장이 찍힌 표지와 동양적인 본문 그림이 인상적이었다. 중국 시를 리듬감이 느껴지는 영어로 번역하여 잠자리에서 아이들에게 읽어주도록 만든 책이었다.

책을 골라들고 나오자 책방 주인 할아버지가 엊그제에 이어서 특별한 책을 또 골랐다며 "너 책 좀 좋아하지?" 하고 말을 건넸다. 뉴욕과 런던에 이어 파리에서 책방 여행을 이어가고 있다고 했더니, 우리 부부가 좋아할 만한 걸 보여주고 싶다며 책방 구석으로 데리고 가셨다.

"세상에, 너무 멋지잖아!"

나와 남편은 탄성을 질렀다. 거기엔 할아버지가 그동안 전 세계 구석구석의 책방을 여행하면서 모은 명함 100여 개가 빼곡히 붙어 있었다. 네덜란드의 워터스톤스에서부터 영국 던트북스, 브뤼셀, 뉴욕, 샌프란시스코의 작은 서점들까지…… 할아버지가 발로 뛰면서 책을 좇았던 흔적이 마치 나무의 나이테처럼 그곳에 켜켜이 쌓여 있었다. 그 숱한 세월의 흔적이 쌓여서 지금의 어베이 서점이라는 놀라운 작품이 탄생했으리라. 할아버지는 캐나다에 살다가 책을 사랑하는 마음을 좇아 1989년부터 프랑스에서 서점을 꾸리고 있다고 하셨다. 할아버지는 이렇게 책을 사랑하는 사람과 만나 이야기할 때가 가장 행복하다며 주름을 활짝 펴고 웃으셨다.

할아버지는 내게 파리를 떠나기 전에 멋진 선물을 하나 주겠다며 사다리를 가져다가 책장에 비스듬히 세워주셨다. 그리고 사다리를 타고 찬찬히 올라가보라며 내 손을 잡아끄셨다. 창 너머로 눈부신 햇살이 들어오는 날, 나는 하늘하늘한 원피스 차림으로 이 매혹적인 서점의 사다리에 오른 채 파리에서의 마지막 순간을 사진으로 남겼다. 돈을 주고도 다시 사지 못할 내 생애 귀중한 선물이다.

어느덧 이 애틋한 공간과 헤어질 시간이 되었다. 우리 부부는 얼굴 가득히 아쉬운 미소를 머금은 채 할아버지에게 작별 인사를 건넸다.

"Have a nice day!"

그러자 할아버지는 그윽한 표정으로 두 팔을 활짝 벌린 채 우리 부부에게 이렇게 화답해주었다.

"Have a nice LIFE!"

하루 치의 축복을 건네받고 삶 전체를 축복하는 사람, 할아버지가 우리에게 빌어준 것은 하루의 안위가 아니라 부부가 맞이해나갈 삶 전체의 충만함이었다.

 인천 공항 활주로에 비행기가 착륙할 때, 아랫배로 묵직한 마찰음과 진동을 느끼면서 생각했다. 우연은 삶에 변곡점을 가져다주는 선물이라고. 크고 작은 삶의 변곡점에서 선물 같은 인연을 만날 때마다 나도 할아버지처럼 단어 하나에 마음의 크기를 담아낼 줄 아는 사려 깊은 태도를 지니겠다고. 내 삶의 공간으로 찾아오는 이들을 커다란 품으로 환대하면서 찰나의 우연을 귀한 인연으로 여기며 살고 싶다. ◆ 이현아

《숲에서 보낸 마법 같은 하루》
(베아트리체 알레마냐 글·그림, 이세진 옮김, 미디어창비, 2017)

무기력하고 시큰둥했던 아이가 숲에서 혼자 시간을 보내면서 마음을 열고 새로운 감각에 눈뜨는 과정을 보여주는 그림책이다. 신기하거나 재미있는 건 하나도 없어 보이는 숲에서 게임기를 잃어버린 채 달팽이에게 손을 내민 아이는 물컹한 촉감을 느끼고, 버섯의 냄새를 맡고, 심장이 뛰는 것을 느낀다. 밝은 형광색 우비를 입고 숲속을 누비며 자연을 만끽하는 아이를 따라 독자들도 새로운 눈으로 일상의 순간을 바라볼 수 있게 된다.

남의 살을 먹을 때

번데기를 먹지 못하게 된 건 대학 시절 함께 밥을 먹던 친구의 말 한마디 때문이었다.

"여진아, 번데기 자세히 들여다봐라? 눈, 코, 입이 다 있다?"

"뭐라고? 눈, 코, 입?"

나는 꺅 소리를 지르며 고개를 가로저었다. 번데기에게 눈, 코, 입이 있다고? 한 번도 생각해본 적 없었다. 길에서 번데기 파는 아저씨에게 천 원짜리 두어 장을 드리면 종이컵에 소복하게 번데기를 담아주셨다. 이쑤시개로 하나씩 콕콕 찍어 입 안에 넣으면 적당히 고소하고 짭짤한 맛이 혀를 자극했다. 저

렴한 가격에 단백질이 풍부하고 아미노산도 가득한 최고의 간식이었다. 정말이지 번데기를 먹는 데 아무런 거리낌이 없었단 말이다. 친구에게서 번데기에게도 눈, 코, 입이 있다는 말을 듣기 전까지는. 나는 먹다 말고 반찬 그릇 속의 번데기 한 마리를 뚫어지게 들여다보았다. 번데기의 새카만 두 눈이 나를 응시하고 있었다. 그날 이후로 나는 번데기를 먹지 못했다.

동물의 권리를 생각하다

동물복지와 권리를 다루면서 빼놓을 수 없는 영화는 바로 봉준호 감독의 〈옥자〉(2017)다. 러닝타임 내내 나는 초긴장 상태로 앉아 있었지만, 그중에서도 특히 미자가 자신의 반려동물 옥자를 구하기 위해 돼지 공장에 잠입하는 장면에서 심장박동이 치솟았다. 영화 속의 돼지들은 발로 차이고, 전자 채찍으로 매를 맞았다. 돼지들이 당하는 비윤리적인 대접을 보는 것이 쉽지 않아 몇 번이나 눈을 질끈 감기도 했다. 나는 정말 순진했다. 그때만 해도 이 영화가 공장식 도축장의 참혹함을 적나라하게 까발린다고 생각하며 가슴 졸였으니. 영화가 관객들을 고려해 얼마나 수위를 낮추어 제작되었는지는 한승태 작가의 르포 《고기로 태어나서》(시대의창, 2018)를 읽고 나서야 실감했다. 작가는 우리가 먹는 고기로 사용될 동물들이 사육되는 공장을 찾아가, 닭 공장, 돼지 공장, 개 공장에서 겪었던 믿을 수 없는 일들을 낱낱이 독자들에게 묘사해낸다.

어릴 적 수업을 마치고 나온 교문 앞에는 종종 병아리를 파는 할머니들이 있었다. 엄마는 내게 그런 병아리는 금방 병이 나서 죽는다고 절대 사서는 안 된다고 했다. 개중에 호기심이 많은 아이들은 주머니 속 동전 몇 푼을 털어 병아리 한두 마리를 사곤 했지만, 그 병아리들의 최후는 대체로 알 길이 없었다. 간혹 운이 좋은 병아리는 닭이 되었다고도 어렴풋이 들은 것 같지만, 결국 입에 들어갔다고 전해진다. 닭이라도 되어봤으니 운이 좋았다고 말해도 될까? 독서 모임에서 함께 《고기로 태어나서》를 읽은 친구들 여럿이 특정 묘사에서 더 이상 참지 못하고 책장을 덮었다고 털어놓기도 했다. 닭 농장은 어떤 모습이냐고? 여러분의 자유로운 상상에 맡기고 넘어가고 싶지만 이번만큼은 그래서는 안 될 것 같다. 어떤 일은 제대로 읽거나 보지 않으면 죽었다 깨어나도 떠올릴 수 없다.

한 사람이 자루를 벌리면 다른 사람이 병아리를 붓고 쓰레기를 담듯 발로 꾹꾹 눌러 자루 꼭대기까지 채워 넣었다. 늦가을 즈음 청소부들이 자루에 낙엽을 담는 모습과 똑같았다. 부화장의 낙엽들은 몸부림치고 소리를 지르고 피를 흘린다는 점만 빼면. (…) 악취는 이 자루들에서 뿜어져 나오고 있었다. (…) 자루에서는 음식 쓰레기 봉지마냥 끈적거리는 갈색 액체가 흘러나왔다. 그리고 그 모든 자루에서 삐약대는 소리가 끊임없이 새어 나오고 있었다.

대단한 변화를 이끄는 소박한 시작, '주춤거리기'

그렇다면 당장 육식을 그만두고 채식주의자가 되자는 굳은 다짐으로 마무리하면 충분한 걸까? 결심은 간편하고, 말은 공허하다. 책을 읽고 나니 마음이 한층 더 복잡해졌다. 그즈음 나와 비슷한 고민을 하고 있는 주인공을 만났다. 《앵커 씨의 행복 이야기》의 주인공인 늑대 앵커 씨는 스스로의 생활이 만족스럽다. '하늘이 보이는' 곳에서 일을 하고, '원하는 곳에서' 점심을 먹을 수 있으니까. 사육 농장에 들어온 닭이나 돼지들은 고기가 되기 위해 실려 나가기 전까진 하늘을 보지 못한다. 하늘을 보지 못하는 것은 당연하고 자신이 갇혀 있는 케이지에서 한 발자국도 이동하지 못한다. 그곳에서 먹고, 그곳에서

싸고, 그곳에서 무럭무럭 살이 찐다.

 나의 이중성이 몸서리쳐지도록 싫었던 순간은 영화 〈옥자〉를 보고 나온 직후였다. 긴장감에 두 손을 꼭 잡고 영화가 끝날 때까지 옥자와 미자가 무사하길 바라며, 인간들의 참혹함에 치를 떨고 나온 지 30분도 지나지 않아 나는 태연하게 삼겹살 가게에 앉아 있었다. "역시 저기압일 땐 고기 앞이지!"라는 농담을 서슴없이 해가며 즐거운 마음으로 고기가 노릇하게 구워지길 기다렸다. 나의 깨달음은 '3분 카레' 같은 인스턴트 깨달음이었다. 쉽게 획득되고, 쉽게 망각되었다.

 평온하고 모든 것이 만족스럽던 어느 날, 앵커 씨는 신문에서 우연히 '그림책 속의 동물 농장은 더 이상 존재하지 않는다!'라는 헤드라인의 충격적인 특집 기사를 읽게 된다. 앵커 씨는 동물권에 대해 다룬 영화를 보고 나서도 큰 망설임 없이 삼겹살 가게로 향했던 나와 달리 변화를 위한 계획을 세운다.

 앵커 씨는 대단한 변화는 의외로 소박한 시작에서 일어난다고 생각하지 않았을까? 그 과정에서 돋보였던 앵커 씨의 모습은 바로 '주춤거리기'였다. 앵커 씨는 취미 삼아 낚시를 갔다가 잡은 물고기의 눈을 보고 마음이 '주춤거려' 물고기를 놓아준다. 고기를 먹으려던 마음을 잠시 가라앉히며 '주춤대며' 입맛에 맞지도 않은 사과를 먹고 밤새도록 울부짖기도 한다. 고맙게도 우리 주변에는 앵커 씨 말고도 주춤대는 사람들이 많다. 방송인 김제동은 사랑으로 키우던 소가 도축되는 걸 보고 그 순간부터 영원히 고기를 입에 대지 않은 게 채식의 시작이라고 밝혔다. 페이스북의 창시자 마크 저커버그는 고기가 어떤 과정을 거쳐 식탁에 왔는지 잊지 않기 위해 직접 도축하는 법을 배웠다고 한다. 그러하니 굳은 결심과 그렇지 못하는 행동 사이에서 죄책감으로 번민하는 일은 접어두고 무엇보다 주춤거려봤으면 좋겠다. 세상의 어떠한 시작도 하찮지 않으니.

'더 이상 고기를 먹을 수는 없어!'라고 말할 수 있게 될 때까지

만약 당신이 앵커 씨의 이야기만으로는 동물권에 관한 이야기가 충분하지 못하다고 느낀다면, 더 깊이 들어가고 싶다는 얘기일 거다. 그렇다면 이쯤에서 나는 《더 이상 아이를 먹을 수는 없어!》를 꺼내들고 싶다. 이 책은 제목만 보고도 읽는 게 두려워 망설여질 만큼 아주 적나라하고 어조가 센 그림책이다. 그러나 끝내 마주하기를 백번 잘했다고 생각하게 되는 그림책이기도 하다. 그림책에는 아이들을 먹는 괴물들이 등장한다.

그것도 그냥 우걱우걱 먹는 게 아니고 다채로운 방식으로 아이들을 '요리해서' 먹는다. 섬세한 괴물들은 아이들은 결코 아무 데서나 기르지 않았다. 큰 목장에서 신선한 '유기농' 채소와 초콜릿, 시리얼을 풍부하게 먹여서 자신들이 먹을 아이들을 기른다.

그러던 어느 날, 그날따라 평소보다 덜 먹음직스러워 보이는 아이로 만든 그라탱을 먹고 괴물 하나가 시름시름 앓기 시작한다. 배탈이 나고 열이 펄펄 난 것이 바로 그 증상이었다. 아이를 먹는 생각을 하는 것만으로 구역질이 나고 체중이 급격이 줄어들기까지 했다는 이 전염병은 이번 한 번으로 끝나지 않고 널리 퍼져 나간다.

"아이들을 이대로 먹다간 큰 병에 걸릴 수 있습니다."
"굳이 드셔야 한다면 평범한 고무찰흙이나 사탕 냄새가 나는 아이들로 고르세요."

전염병이 심해지자 전국의 모든 식당에서 아이를 메뉴에서 지워야 하는 상황에까지 이르고, 괴물들은 분노의 아우성을 터뜨린다.

"괴물은 아이를 먹고 사는 법이거늘!"

"맙소사, 채소라니!"

"그걸 무슨 맛으로 먹으란 말이야!"

처음엔 분명히 두려움을 품고 책장을 넘기기 시작했는데, 내용이 이쯤에 다다르니 어째 웃음이 실실 난다. 이 책의 장르는 호러가 아니라 블랙코미디였던 것이다. 고위층의 괴물들은 식용 허가를 받은 아이 품종을 멀리서 사들여 와 국민들 몰래 아이 요리를 즐기기까지 한다. 그러나 아이 요리의 맛은 점점 역하게만 느껴지고, 괴물들이 점차 아이의 맛을 잊어버리는 상황에까지 이른다. 괴물들은 이제 다양한 채소를 키워 무수한 레시피를 만들어내고 아이 요리를 먹지 않고도 아무렇지 않게 살아간다.

자, 이제 제목에서 '아이'라는 두 글자를 지워볼 차례다. 그 자리에 '고기'라는 두 글자를 쏙 집어넣어 보면 작가가 일부러 겨냥이라도 한 듯 감쪽같이 어울리는 제목이 된다. 작가는 어떤 인터뷰에서도 이 작품이 비건 지향, 채식주의와 탈육식을 위한 그림책이라고 밝히지 않았다. 이 그림책의 주제를 알지 못한 채 만난 것도 나였고, 내 삶에서 아직 현재진행형인 화두와 연결시킨 것도 바로 나였다. 그 누구도 대신 골라주지 않았고, 대신 읽어주거나 해석해주지 않았다. 오늘도 새삼 그림책의 여러 층위와 겹을 발견하며 희열을 느낀다.

부끄럽지만, 나는 며칠 전에도 돼지고기를 먹었다. 아무도 뭐라고 하지 않는데 혼자 눈치를 보면서 맛있게 먹었다. 이 글은 그 누구도 아닌 나 자신을 위해 썼다. 느려도 좋으니, 주춤거리고 또 주춤거리며 내 살이 남의 살로 찌워지지 않는 언젠가를 희망해본다. 정미진 작가는 그래픽 노블 《해치지 않아》(싹이돋아 그림, 엣눈북스, 2016)에서 그 누구도 '해치지 않고' 살 수 있을지를 끊임없이 고민했다. 그처럼 나 역시 세상에 존재하는 수많은 비건들의 이야기를 사고, 읽고, 수집하고 귀 기울인 끝에 비로소 덜 해치는 삶에 가닿고 싶다. ◆ 김여진

《앵커 씨의 행복 이야기》 (남궁정희 글·그림, 노란돼지, 2017)

전망이 좋은 사무실에서 근사하게 일하고, 쾌적한 집에서 잘 정돈된 일상을 살아가는 앵커 씨. 그의 삶에 변화가 찾아온다. 그 모든 시작은 신문에 난 조그마한 축산에 관한 기사를 읽으면서부터였다. 내가 간편하게 누리는 지금의 안락함은 누구의 희생을 바탕으로 하고 있을까? 모두가 앵커 씨가 되어 고민이 깊어지는 그림책이다.

《더 이상 아이를 먹을 수는 없어!》
(콜린 피에레 글, 로이크 프루아사르 그림, 박새한 옮김, 고트, 2019)

책에는 매일매일 아이들을 잡아 요리해서 먹는 일과가 전부였던 괴물들의 사회가 등장한다. 당연하게 먹을 수 있었던 식재료인 '아이'들에게 문제가 생기면서 나라 전체가 발칵 뒤집힌다. 괴물들의 식생활에는 이제 무슨 변화가 생길까? 내가 아이 대신 무심코 먹고 있었을 것들을 떠올리며 생각에 잠기게 되는 책.

느티나무 공부방의 곰과 오리

느티나무 공부방은 의정부 부대찌개 골목 옆, 다닥다닥 붙어 있는 다세대주택의 2, 3층에 있었다. 2층은 여러 곳에서 기증받은 책이 벽마다 가득 꽂혀 있었다. 책장 말고는 다른 가구가 없는 널찍한 곳이라 아이들은 이곳에서 책을 읽기보다 뛰어놀기 좋아했다. 2, 3층 계단 사이에는 화장실이 있어 이 건물에 사는 다른 사람들과 같이 썼다. 3층 공부방의 문은 항상 활짝 열려 있었고, 현관 밖으로까지 공부방을 들고나는 아이들의 신발이 넘쳤다.

초등교사 임용고시에 합격하고 난 그해 봄, 느티나무 공부방의 문을 처음 두드렸다. 공부방 선생님으로 봉사활동을 시작한 이유는 스스로와 한 약속 때문이었다. 그해 임용고시 2차 시험에서 나는 논술 답안지를 엉망으로 써냈다. 내가 봐도 무슨 말을 쓰고 있는지 모를 정도였다. 긴장을 너무 한 나머지 점심밥이 잘 소화되지 않아 배에서는 계속 꾸르륵꾸르륵 소리가 났다. 답안지를 제출하며 '이번 시험은 망했다'라는 생각이 절로 들었다. 며칠 동안 계속 시험에서 떨어져 다시 공부하는 꿈을 꿨다. 결과를 기다리는 초조한 마음에 위안을 주고자 나는 스스로 다짐했다. '내가 이 시험에 합격하면, 지역사회에 봉사하며 감사함을 나누리라!'

다행히 시험에 합격했다. 이제 내가 스스로 한 약속을 지킬 차례였다. 하지만 막상 봉사활동을 시작하려니 조금 귀찮아져서 나와의 약속을 미루기를 몇 개월. 그사이 어느덧 앙상한 나뭇가지에 새잎이 돋아나는 봄이 찾아오고 있었다. 더 미루면 안 되겠다 싶은 마음에 주변의 공부방을 찾아보았다. 공부방 선생님들이 함께 모여 책을 읽고 토론을 한다는 느티나무 공부방이 눈에 띄었다. 첫 번째 학교에 발령받기 전인 스물넷의 이른 봄, 나는 느티나무 공부방을 찾아갔다.

느티나무 공부방에 처음 간 날, 공부방을 운영하시는 사과샘이 나를 가장 먼저 반갑게 맞아주셨다. 생활한복을 곱게 입으신 모습과 안경 너머의 선한 눈빛이 인상적이었다. 사과샘이 소개해주신 공부방 아이들은 대부분 초등학생이었다. 부모님이 일터에서 늦게 돌아오시는데 그동안 마땅히 갈 곳이 없는 아이들은 이곳에서 공부도 하고 저녁밥도 먹으며 친구들, 선생님과 시간을 보냈다.

그전까지 내가 만난 초등학생은 교생실습에서 만난 아이들이 전부였다. 짧게는 1주, 길어봐야 3주 정도 학교에서 만난 아이들은 담임선생님의 칼 같은 지도 아래 여러 방면에서 잘 훈련되어 있었다. 아이들은 수업 시간에 책상에 바르게 앉아 손을 높이 들고 또박또박한 목소리로 발표했다. 나에게 말을 걸고 싶을 땐 쭈뼛쭈뼛 다가와 알록달록한 스티커를 잔뜩 붙인 귀여운 편지를 건넸다.

느티나무 공부방 아이들이
내 마음에 던진 작은 돌멩이

느티나무 공부방의 아이들은 내가 그동안 만나 온 아이들과 달랐다. 수줍어하지 않고 나를 와락 껴안았다. 가만히 앉아 수업을 받는 대신 배를 부여잡고 깔깔 웃으며, 먼지가 나도록 뛰어다녔다. 아이들과 일주일에 한 번씩 만난 지 한 달쯤 지났을 때, 나는 느티나무 공부방 소식지에 이런 글을 썼다.

내 마음은 호수요. 그대 노 저어 오오.
느티나무 공부방에서 아이들을 만나기 전까지 내 마음은 호수와도 같았다. 평화롭고, 고요한 호수. 그 호수 같은 마음에 느티나무 공부방 아이들은 수시로 돌멩이를 던졌다.

아이들이 내 마음에 던진 돌멩이는 내 삶을 왁자지껄 소란스럽게 만들었다. 아이들은 책을 읽자고 하면 뚱땅뚱땅 피아노를 쳤다. 조용히 하라고 하면 소리를 지르기도 했다. 편지를 쓰자고 하면 북을 쳤다. 내가 하자는 것에 반대로 행동하는 이 아이들에게 선생님이란 어떤 존재인지 의문이 들었다. 이곳에서 나란 사람이 필요하긴 한 것인지, 나는 이 아이들에게 어떤 사람이 되어야 하는지에 대한 고민이 수도 없이 이어졌다.

그런데도 나는 들판에 풀어놓은 망아지 같은 아이들을 떠날 수 없었다. 아이들을 만나고 오면 속이 시끄러워도, 일주일이 지나 아이들을 만나러 가는 날이 되면 아이들이 그간 잘 지냈는지 궁금해졌다. 나는 매주 목요일 오후가 되면 어김없이 느티나무 공부방으로 향했다. 계단을 뚜벅뚜벅 오르면 사과샘이 만들고 계시는 짜장이나 카레 같은 저녁밥 냄새가 문밖까지 퍼져 나왔다. 저녁밥을 아이들과 한바탕 나눠 먹고 나서는 책을 읽어주고, 수학 문제를 봐주거나 영어를 가르쳤다.

아이들이 조용히 수업에 참여하는 시간은 길지 않았다. 방에 다 같이 둘러앉아 책을 읽고 있노라면 한 아이가 슬그머니 "우리 술래잡기해요!" 했다. "그럴까?" 하는 내 대답이 끝나기가 무섭게 아이들은 내 손을 잡아끌고 근처 학교 운동장으로 우르르 몰려갔다. 아이들은 책 읽을 때와 전혀 다른 눈빛으로 학교가 떠나가라 크게 웃고, 운동장을 온통 휘저으며 뛰어놀았다. 학교 건물 너머로 뉘엿뉘엿 지는 해가 아이들 뒤로 긴 그림자를 만들 때가 되어서야, 우리는 손을 잡고 공부방으로 돌아갔다. 저녁 바람이 아이들 이마를 훑으면 시큼한 땀내가 코끝에 아른거렸다.

여름방학에는 느티나무 공부방의 짱뚱샘이 귀농하신 서천으로 아이들과 함께 캠프를 떠나기도 했다. 용산역에서 아침 일곱 시 기차를 타고 가는 여행이었다. 우리는 짱뚱샘 댁에서 베틀로 모시도 짜보고, 쪽으로 파랗게 염색도 해보았다. 해수욕장에서 텀벙텀벙 물놀이도 했다. 밤에는 고단한 몸을 뉠 틈도 없이, 담력 체험을 위해 무덤 옆에서 귀신 역할을 했다. 나는 무덤 옆에서 한기를 느끼며 떨고 있는데, 간 큰 아이들은

"에이, 시시해요. 좀 더 무섭게 해야죠"라고 말하며 어둠 속으로 유유히 사라졌다. 긴 여행을 마치고 돌아오는 기차에서 열한 살 선미 옆자리에 앉았다. 꾸벅꾸벅 졸며 내 옆구리를 파고드는 선미의 온기에 2박 3일간 쌓인 고단함이 녹는 것만 같았다. 아이들이 내 마음에 던진 돌멩이는 한여름의 태양 아래 잘 달구어져, 내 옆구리를 따뜻하게 데워주었다.

애들아, 내 이야기 좀 들어주지 않을래?

아이들과 점점 가까워지자, 나는 나의 소중한 추억을 나누고 싶었다. 더 넓은 세상이 있다는 사실도 알려주고 싶었다. 나는 그동안 여행을 다니며 찍은 사진이 담긴 앨범을 들고 느티나무 공부방에 갔다. 앨범에는 인도, 유럽, 중국, 일본 등 세계 곳곳의 랜드 마크와 자연을 배경으로 찍은 사진이 가득했다. 사진 속 나는 자유와 기쁨을 만끽하며 환하게 웃고 있었다.

"이건 선생님이 인도에 갔을 때 찍은 타지마할이야. 이건 선생님이 파리 갔을 때 보았던 에펠탑이고."

사진을 보여주며 사진 속 장면을 하나하나 차분하게 설명하는 내 곁에서 아이들은 점점 집중력을 잃어갔다. 급기야 지루함을 참지 못하고, 자기들끼리 떠들고 놀기 시작했다. 심지어 공부방을 빙빙 돌며 뛰어다녔다. 아이들에게 이것 좀 보라며 어르고 달래다가, 나는 결국에 화를 참지 못하고 앨범을 탁 덮은 채 자리를 박차고 뛰쳐나왔다. '내가 이렇게까지 너희들한테 시간과 마음을 쏟고 있는데 내 말을 듣지 않아?'

순간 괘씸하고 배은망덕한 녀석들이라는 생각이 마음속에서 치밀어 올랐다. 나는 씩씩거리며 느티나무 공부방을 나와 큰길을 건너 계속 앞으로 앞으로만 걸어갔다. 공부방을 갑작스럽게 뛰쳐나간 나를 본 아이들은 놀라서 내 뒤를 급히 뒤쫓아 왔다. 등 뒤에서 "우서희 선생님!" 하고 나를 애타게 부르는 소리가 들렸다. 나는 그런 아이들을 아랑곳하지 않고 눈물을 뚝뚝 흘리며 뒤도 돌아보지도 않고 걸었다. '서로 눈을 바라보며 대화하는 게 그토록 힘든 일인가?' 나는 아이들에게 마음을 콸콸 쏟아부었는데, 아이들은 내 마음을 몰라주는 것 같았다. 바닥에 쏟아진 내 마음은 갈 곳을 잃었다.

이후 사과샘은 아이들이 많이 미안해한다며 나에게 메일을 보내셨다. 어색한 마음으로 오랜만에 느티나무 공부방을 찾았을 때, 선미는 나에게 색종이를 곱게 접어 쓴 사과 편지를 건네주었다. '선생님, 화나게 해서 죄송해요'라고 적힌 손편지를 손에 들고, 나는 내가 어른이니까 이해한다고 말했다. 그래도 여전히 마음 한구석에는 내 마음을 몰라준 아이들을 향한 섭섭함이 자리하고 있었다. 그런 일이 있고 난 뒤, 첫 학교에 발령을 받고 적응하다 보니 느티나무 공부방에는 차츰 발길이 뜸해져버렸다.

내가 좋으면, 너도 좋을까?

내 기억 속에서 느티나무 공부방의 존재가 희미해질 때쯤, 《곰아, 놀자!》라는 그림책을 만났다. 오리와 곰은 서로 옆집에 사는 친구다. 오리는 곰과 산책하고 싶고, 곰은 집에서 뒹굴뒹굴하고 싶어 한다. 오리는 이렇게 좋은 가을 날씨에 누가 혼자 있고 싶어 하겠냐면서 곰을 억지로 밖으로 끌고 나온다. 오리는 해맑은 얼굴로 곰에게 밖으로 나오니 즐겁고 상쾌하지 않느냐며 묻는다. 하지만 오리의 생각과는 달리 곰은 단호하게 "아니"라고 대답한다. 오리는 곰이 자기를 좋아하지 않는다는 결론을 내려버린다.

자기가 좋아하는 것이니까 친구도 당연히 좋아할 거라고 여기는 오리의 모습에 지난날 느티나무 공부방에서의 내 모습이 겹쳐 보였다. 그때의 나는 아이들이 당연히 나의 여행 사진에 관심을 가져야 한다고 생각했다. 하지만 입장을 바꿔 생각해 보면, 해외여행을 가본 적 없는 아이들에게 손바닥만 한 사진 속의 배경은 모두 다 거기서 거기인 듯 보였을 터다. 아이들은 바깥세상이 어떤지 궁금하지도 않은데 나 혼자 나만의 추억에 들떠서는 아이들에게 사진을 들이밀며 "멋지지? 재밌겠지? 좋지?"라고 물어본 셈이었다.

누군가에게 마음을 주고 싶다면, 그 사람이 받아들일 수 있는 것을 주어야 한다. 《5가지 사랑의 언어》(게리 채프먼 지음, 장동숙 옮김, 생명의말씀사, 2010)에서 저자는 모국어로 소통할 때 우리가 가장 편안하게 말할 수 있듯이, 상대방의 '사랑의 언어'로 소통해야 상대방이 사랑을 느낀다고 말했다. 그러면서 사람들이 사랑을 표현하고 이해하는 다섯 가지 언어로 '인정하는 말', '함께하는 시간', '선물', '봉사', '스킨십'을 제시했다. 이를테면 인정하는 말을 원하는 사람에게는 화려하고 값비싼 선물보다 사랑이 듬뿍 담긴 편지가 더 의미 있다는 것이다.

나는 아이들과 나의 추억을 나누고 싶었지만, 아이들은 나에게 함께 뛰어놀 수 있는 체력과 시간을 원했다. 마치 《곰아, 놀자!》의 오리가 곰과 '함께 하는 시간'을 원할 때, 곰은 혼자만의 조용한 시간을 원했던 것처럼 말이다. 서로 다른 언어로 소통하고 있었다는 사실을 이해하고 나니, 그제서야 아이들을 괴씸하게 여겼던 마음이 사그라들었다. 오히려 아이들의 마음을 세심하게 파악하지 못한 것이 미안해졌다.

느티나무 공부방 아이들은 잘 지내고 있을까? 아이들을 다시 만날 수 있다면 그때 들고 갔던 앨범은 집에 두고 가야겠다. 훌쩍 커버린 아이들을 붙잡고 운동장에서 뛰어놀자고 하는 실수도 하지 말아야지. 대신 아이들의 이야기를 오롯이 들어주고 싶다. 요즘 주로 하는 일, 하고 싶은 일, 잘 풀리지 않는 고민이 무엇인지 들어주고 싶다. 나 혼자 들떠 이것저것 캐묻기보다는 아이들의 표정과 몸짓과 말을 향해 귀를 잘 열어놓아야겠다. ◆ 우서희

《곰아, 놀자!》 (조리 존 글, 벤지 데이비스 그림, 이순영 옮김, 북극곰, 2016)
혼자 조용히 쉬고 싶은 곰과 친구와 함께 놀고 싶은 오리가 만나면 어떤 일이 벌어질까? 게다가 과묵한 곰과 수다쟁이 오리는 바로 옆집에 사는 친구 사이다. 평화롭게 혼자만의 시간을 보내는 곰을 오리가 끊임없이 방해하는 것 같지만, 곰은 오리를 마냥 미워할 수 없다. 곰과 오리는 떨어질 수 없는 단짝 친구니까. 서로 다른 존재가 함께 공존하며 우정과 사랑을 주고받는 현명한 방법에 대해 생각하게 만드는 그림책이다.

나눔 찾아 삼만 리

언젠가 인터넷 검색을 하다가 '난 행복한 사람'이라는 제목의 학습지를 발견했다. 삐쩍 마른 아이가 땅바닥에 떨어진 빵 부스러기를 먹고 있는 사진이 눈에 들어왔다. 그 아래에는 '나 자신을 사진 속 아이와 비교해보고, 내가 얼마나 행복한 사람인지 이유를 들어서 설명해봅시다'라는 질문이 적혀 있었다. 얼마나 낯 뜨거운 질문으로 다가왔는지 모르겠다. 민망함이 감탄으로 바뀐 것은 그 옆에 적힌 한 초등학생의 답변을 보고 나서였다. '남의 아픔을 보고 내가 얼마나 행복한지 아는 것은 별로 좋지 않다고 생각한다. 같이 아픔을 해결해주려 하고 같이 잘 먹고 잘살아야 할 것이다.' 삐뚤빼뚤하게 적힌 글씨였지만, 그야말로 우문현답이었다. 탄성이 절로 나왔다. 오랫동안 그 학습지에 시선이 머물렀다. 그런데 학습지가 던진 질문에 날 선 비판을 하기에는 내 안에 묘하게 찔리는 구석이 있었다. 3년 전, 나의 부끄러운 민낯이 떠오르며 얼굴이 후끈 달아올랐다.

캄보디아 오지에서 마주한
내 안의 불편한 감정

2013년 여름, 나는 해외 봉사활동으로 캄보디아 봇뱅 마을을 처음 가게 되었다. 캄보디아의 수도 프놈펜에서 한참 떨어진 오지로, 버스로 고속도로를 5시간이나 달린 뒤 배까지 타고 들어가야 도착할 수 있는 곳이다. 버스 창밖으로는 깡마른 소 떼가 지나가는 모습이 보였다. 캄보디아의 대표적인 탈것인 뚝뚝Tuktuk도 느릿느릿 그 옆을 달렸다. 시멘트 길이 끊기자 황토색 흙길이 나타났다. 진흙이 질퍽거리는 길이 끝나면, 거기에서부터는 보트로 갈아타고 강을 건너야 했다. 말이 보트지 모터가 달린 뗏목에 가까웠다.

보트에서 내리자 크메르 제국의 찬란한 문화유산을 상징하는 앙코르와트와는 선명히 대비되는 모습의 판잣집들이 내 눈앞에는 듬성듬성 늘어서 있었다. 1960년대 우리나라의 옛 모습이 이랬을까? 나무 위에 걸쳐 지어진 2, 3평 남짓한 좁은 집부터 판자 몇 개에 겨우 의지해 쓰러질 듯 위태롭게 버티고 서있는 집들. 우기에는 얼기설기 엮은 나무가 썩어 곰팡내로 진동할 것만 같았다. 울타리 사이로 앙상한 뼈만 남은 닭과 삐쩍마른 개들이 돌아다녔다. 개는 기력이 쇠한 듯 낯선 사람을 보아도 짖는 법이 없었다. 그리고 해진 옷을 입고 맨발로 거리를 누비는 아이들. 이방인의 눈으로 그들의 삶을 재단하느라 나는 도착하자마자 불평불만을 가득 토해냈다. 그들의 삶이 안쓰럽고 불쌍했다.

낯선 곳에 도착한 내가 제일 먼저 마주한 감정은 '동정'이었다. 일 년 내내 뜨거운 여름이 펼쳐지지만, 에어컨과 선풍기는 찾으려고 해도 찾을 수 없는 이곳에서 더위를 이길 최선의 방법은 손바람뿐이었다. 더운 기후에 음식이 금방 상할지라도 냉장고가 있는 집을 찾을 수가 없었다. 전기 설비 설치가 쉽지 않아 냉장고 대신 휴대용 아이스박스를 이용하는 듯했는데, 그조차도 여유가 되는 집이라야 가능한 일이었다. 다리를 건설하면 10분 만에 갈 수 있는 거리를 다리를 설치할 여력이 없어 먼

길을 돌아 시장에 갔다. 하루치 먹을거리를 위해 한 시간을 걷는 사람들. 그들의 삶에는 잉여가 없었다.

그곳의 소박한 삶을 마주하고 나자 뒤이어 튀어나온 감정은 아이러니하게도 '감사'였다. 평상시 감사하지 못했던 여러 가지 일들이 왜 그제야 주마등처럼 스쳐 지나갔는지. 시원한 에어컨이 나오는 곳에서 여름을 날 수 있다는 것, 삼시 세끼를 제대로 챙겨 먹을 수 있다는 것, 서울에 내 한 몸 편안히 가눌 수 있는 공간이 있다는 것 등 평소에는 별것 아닌 것들로 여겨지던 일들이 모두 감사했다. 그러나 '비교'로부터 비롯되는 감사는 순산에 그쳤다. 시간이 흐르지 감사는 내 삶에서 다시 온데간데없이 사라졌다. 이윽고 나는 또 다른 비교를 하고 있었다.

열악한 환경에도 불구하고 봇뱅 마을 아이들의 미소는 햇살 한 조각을 머금은 듯 티 없이 맑았다. 그 미소에 계속 눈길이 갔다. 물질적인 면에서 비교를 하자면 내가 더 행복해야 맞았다. 가내수공업 수준의 작은 숯 공장에서 생계를 꾸리는 그들은 자유롭게 꿈꿀 수 있는 미래가 없었다. 부모가 하던 일이 대물림되었고, 일손이 부족할 때에는 학교가 아닌 일터로 끌려 나갔다. 하지만 이러한 상황에도 아랑곳하지 않고 운동장을 뛰어다니며 맨발로 공을 차는 아이들의 얼굴에는 어두운 그늘이 보이지 않았다. 아이들의 해맑은 미소 앞에서, 이들의 열악한 삶과의 비교를 통해 내 삶에 감사를 느끼는 내 마음이 설 자리가 없었다. 내가 감히 더 행복한 사람이라고 장담할 수 없었다. 무엇이든 우위를 점하고 싶은 게 나의 진정한 속마음이 아니었을까?

동정 속에 숨은 우월감
감사 뒤에 숨은 안도감

설명할 수 없는 묘한 감정을 표현하지 못한 채 막연히 마음속에만 담아두었던 어느 날, 니체의 글을 읽으면서 나는 내가 캄보디아에서 느꼈던 설명할 수 없던 감정이 무엇인지 깨닫고 무릎을 치게 됐다. 니체는 '동정은 쾌락을 포함하고 우월감을 적게나마 맛보게 하는 감정'이라고 했다. 지금까지 동정을 긍정적이고 선한 감정이라고 여겼는데, 그 감정의 정체가 우월감이었다니 충격이었다.

생각해보니 내가 캄보디아를 다섯 번이나 갈 수 있었던 것도, 그들을 위해 뭐라도 해줄 수 있을 것 같은 나만의 감정에 심취했었기 때문이었다. "또 캄보디아로 봉사활동하러 가?"라는 주변 사람들의 말을 들으면 왠지 모르게 내가 중요한 사람이 된 것 같은 기분이 들곤 했다. 봉사는 하나의 핑계였을 뿐, 내가 행복해지기 위해 캄보디아를 찾았다. 그러나 타인과의 비교를 통해 느끼는 행복은, 나보다 나은 사람이 나타나면 언제든 깨져버릴 수 있는 불안정한 행복이었다. 나보다 물질적으로 풍요로운 사람들은 얼마든지 세상 저편에 존재했으니까.

동정은 위에서 아래로 내려다보는 시선의 방식이었다. 겉으로는 공격적으로 보이지 않지만, 경멸이라는 감정이 쓰고 있는 우아한 가면에 불과했다. 동전의 양면처럼 동정과 경멸은 모두 우월감에서 비롯된 감정이었다. 문득 누군가가 나를 불쌍한 시선으로 바라본다면 어떨까 하는 생각이 스쳤다. 그 시선이 폭력으로 다가올 것만 같았다. 내가 보낸 동정의 시선이 현재진행형의 일상을 살아가고 있는 봇뱅 마을의 사람들에게 비수가 되어 꽂혔을지도 모를 일이었다. 나눔이라는 명목으로 그곳 사람들에게 내가 의도치 않은 상처를 줬을 수도 있겠구나 싶었다. 캄보디아 아이들을 동정했던 마음에 죄책감이 들었다. 무거운 마음이 바위처럼 나를 짓눌렀다. 한동안 가시지 않는 체증처럼 그 무거운 죄책감을 붙잡고 씨름했다.

우리는 제3세계 어린이 돕기 캠페인을 미디어에서 자주 접한다. 여러 미디어는 공통으로 기아와 질병, 테러의 공포 속에 놓인 아이들의 가련한 모습을 집중적으로 보여준다. 빈곤을 자극적으로 묘사하여 동정심을 일으키는 모금 운동 방식을 '빈곤 포르노'라고 한다. 역설적이게도 미디어가 이들의 참혹한 모습을 많이 보여줄수록 기부금 액수는 증가한다고 한다. 동정심은 구호단체들의 기금을 모으기 위한 마케팅 도구로 활용되며, 우리의 무의식중에 동정은 선한 감정이라고 학습된다. 그 과정에서 호의를 베푸는 쪽의 선의는 주목받지만, 한 개인의 존엄성은 유리처럼 부서진다. 수많은 언론에 노출된 어린이들의 인권은 무시된다.

물론 생명을 살리는 일에는 소모적인 논쟁보다 동참이 우선이다. 세상을 바꾸는 것은 결국 작은 실천이니까. 세계 시민 교육의 일환으로 지구 반대편의 현실을 제대로 알리는 것도 꼭 필요한 일이다. 그러나 여전히 대중매체와 여러 어린이 책을 통해 들려오는 나눔에 대한 메시지는, 우리의 도움이 필요한 사람들보다 나은 환경에 살고 있다는 것에 행복해하고 감사해야 한다는 의미로 흘러갈 때가 많다. 불쌍하니까 도와줘야 한다는 당위에 밀려 그들에 대한 존중은 잊히기 십상이다. 그들보다 내가 더 나은 환경에서 살고 있다는 데에서 비롯되는 감사와 우월감의 마음. 이것들을 인지한 이상, 나는 더 이상 눈감으면 안 된다고 되뇌었다.

캄보디아에서 발견한
진정한 나눔의 의미

나눔에 대한 고민이 머리를 떠나지 않았다. 도대체 진정한 나눔이란 무엇일까? 교사로서 학생들에게 나눔의 의미를 어떻게 전달해야 할까? 앞으로 나는 어떠한 마음으로 캄보디아를 다시 방문해야 할까? 별반 다르지 않은 질문을 주무르고 매만지는 일은 지겨운 내적 싸움이었다. 그렇게 나눔의 진정한 의미를 길어 올리는 일에 지쳐갈 무렵, 세 번째로 캄보디아 봇뱅 마을을 가게 되었다.

그해에는 처음으로 봉사단에 아이도 참여했다. 초등학생 3학년 수민이가 봉사단으로 활동하던 삼촌을 따라온 것이다. 캄보디아에서 봉사활동을 하는 동안, 어린 수민이가 보여준 놀라운 성장을 관찰하면서, 나는 그토록 찾아 헤맸던 질문에 답을 찾은 것만 같았다. 간절히 원하면 우주도 감응한다고 했나. 마음속에 뜨거운 무언가가 올라왔다.

처음 캄보디아에 도착했을 때, 수민이는 현지 아이들이 더럽다면서 가까이 하기를 꺼렸다. 그랬던 아이가 며칠이 지나자 아이들 틈으로 자연스럽게 들어가 축구와 물총 싸움을 하며 함께 노닐었다. 흙탕물 속에서 서로 뒹구는 동안에는 아이들

사이에 차이가 없었다. 누가 수민이고 누가 캄보디아 아이들인지 구별하기 어려울 정도로 수민이는 현지 아이들을 닮아갔다. 그 모습이 눈부시게 아름다웠다. 나눔이란 수민이처럼 그들과 동등한 위치에서 함께 어울릴 수 있는 친구가 되는 게 아닐까?

나는 수민이의 의미 있는 변화를 그냥 흘려보내고 싶지 않았다. 캄보디아에서 경험했던 내용을 한 편의 창작물로 완성해 내면 어떨까 싶었다. 그 결과, 캄보디아 현지 아이들과 동고동락하며 긴 시간 동안 '고민'했던 내용을 녹여 《맨발로 축구를 한 날》이라는 그림책을 만들게 되었다. 그림은 이덕화 작가가 녹색과 회색 두 가지 색깔만 사용하여, 캄보디아 봇뱅 마을의 풍경을 감각적이고도 따뜻하게 담아주었다. 캄보디아 현장을 기록한 사진과 영상을 바탕으로 그렸기에, 그림책을 펼칠 때면 그때 그 시간이 무성영화처럼 되살아나는 듯하다.

그림책 《맨발로 축구를 한 날》에는 수민이의 특별한 여행기가 담겨 있다. 수민이는 여름방학을 맞아 삼촌과 함께 캄보디아로 봉사활동을 간다. 첫 해외여행이라 기대가 컸던 수민이는 이내 현지의 낙후된 풍경에 실망한다. 맨발로 축구를 하는 또래의 아이들도 더럽게만 느껴진다. 그러나 시간이 지날수록 수민이의 오해와 편견은 하나둘 벗겨진다. 마침내 수민이는 "좋아하는 친구들을 닮게 된 날"이라고 고백하며, 신나게 캄보디아 친구들과 맨발로 축구를 한다.

나눔의 의미를 찾아 헤맨 시간은 한 편의 그림책으로 고스란히 재배치되었다. 이후에 나는 아이들과 수업 시간에 나눔의 의미에 대해 이야기할 때면 이 책을 꺼내들곤 한다. 선생님이 직접 기획하고 원고를 쓴 그림책이라는 설명을 하면, 아이들의 얼굴에는 달뜬 표정이 가득해진다. 그림책을 다 읽어준 뒤 마지막 장을 덮고 나서 나는 학생들에게 "왜 캄보디아 아이들은 맨발로 축구를 할까?"라는 질문을 던진다. 그러면 학생들 대부분은 "가난해서요, 운동화를 살 돈이 없어서요"라고 대답한다. 충분히 예상이 가능한 답변이다. 나도 처음에 그렇게 생각했으니까. 그런데 어느 날 한 학생이 던진 정말 기특한 답변에 감탄을 한 적이 있다.

"그럴 만한 환경이라서 그렇지 않을까요? 만약 땅이 진흙이라면 운동화를 신기에 불편할 것 같아요."

학생의 입을 통해 예상 밖의 섬세한 생각이 흘러나왔을 때, 마음에서 벅찬 기대와 설렘이 가득 피어났다. 나는 내 안의 감탄을 교실 속 학생들과 더 깊이 나누고 싶어 캄보디아 날씨와 관련해서 그 이유를 한 번 더 생각해보자고 아이들을 도닥였다. "캄보디아는 일 년 중에 절반이 우기니, 운동화를 신으면

발이 찝찝하고 불편할 것 같아요!"와 같은 놀라운 대답들이 교실 여기저기서 들렸다. 아이들의 말마따나 캄보디아 사람들은 대부분 쪼리나 슬리퍼를 신고 생활을 한다. 날씨가 덥고 습할 뿐더러 우기에는 예고 없이 비가 쏟아지기 때문이다. 비에 젖어도 되는 쪼리를 신고 종일 생활하는 것이 그들에게는 더 편하다. 아이들의 경우에는 쪼리를 신고 학교에 왔다가 축구를 하고 싶어질 때는 과감히 쪼리를 벗어 던지고 노는 것이다. 캄보디아에서 운동화를 신는 것은 번거롭고 불편한 일이다.

우리는 대체로 내가 살아온 삶의 방식대로 관성적으로 세상을 바라본다. 타인도 나의 잣대로 섣부르게 판단해버린다. 투박한 시선과 생각은 오해를 쌓고 대상과 거리감을 만든다. 반면에 섬세한 눈빛은 거리의 틈을 메우고 서로에게 한 발자국 더 다가가게 만든다.

《타인의 고통》을 쓴 수전 손택은 '연민이 내 삶을 파괴하지 않을 정도로만 남을 걱정하는 기술이라면, 공감은 내 삶을 던져 타인의 고통과 함께하는 삶의 태도'라고 했다. 처음에 수민이는 캄보디아 아이들과 멀찌감치 떨어져 맨발로 축구하는 장면을 관망했다면, 종내에는 그들 사이로 성큼 들어가 함께하기로 결정한다. 그들의 삶에 동정이나 연민을 보내지 않고, 공감한 것이다. 축구를 할 때에는 운동화를 신어야 한다는 우리의 문화적 습관을 내려놓고서. 어쩌면 그런 거창한 의미 때문이 아니라 수민이 역시 운동화를 벗고 축구를 하는 게 더 편했을지도 모를 일이다. 우리의 몸은 언제나 머리보다 먼저 답을 알고 있다. ◆ 조시온

《맨발로 축구를 한 날》 (조시온 글, 이덕화 그림, 찰리북, 2018)
수민이는 삼촌과 함께 캄보디아로 특별한 여행을 떠난다. 첫 해외여행으로 들뜬 마음도 잠시, 수민이의 눈에 비친 캄보디아의 풍경이 마냥 좋지만은 않다. 하지만 시간이 지날수록 수민이가 낯선 장소에 대해 가졌던 오해와 편견은 서서히 사라진다. 캄보디아 친구들과 마음을 나누고, 다름 속에서 조화를 이루며 함께 연대하는 법을 터득해가는 수민이의 모습을 통해 동정이 아닌 존중을 바탕으로 하는 나눔에 대해 생각해보게 하는 그림책이다.

계절을 보는 일상

"꽃이 언제 피고 지는지 그 순서를 아는 사람이라면, 괜찮은 사람일 것 같구나."

창문 밖 살구나무의 개화를 기다리느라 아침부터 창문을 열었다 닫았다 하는 남편을 보고 있으니 문득 예전에 엄마가 했던 말이 생각나 피식 웃음이 났다. 지금의 남편과 연애를 시작하며 엄마에게 남자 친구가 있다고 고백했을 때 들었던 말이다. 남편과는 우리가 처음 만난 계절인 봄 내내 매화, 산수유, 목련, 개나리, 벚꽃 등 봄에 피는 꽃들을 같이 이야기하고, 봄이 얼마나 사랑스러운 계절인지 서로의 생각에 공감해주며 연애를 시작했다.

숲 해설가인 엄마 밑에서 자란 나는 세상 모든 사람이 꽃이 언제 피고 지는지, 꽃의 이름이 무엇인지 알고 있는 줄 알았다. 하지만 대학생이 되어 보다 많은 이들과 교류하면서 대부분의 사람들은 꽃의 개화 시기나 이름 따위에는 관심이 없다는 사실을 알게 되었다. 그러다 지금은 남편이 된 남자 친구를 만났고, 그와 대화가 통하는 것이 너무 신났던 나는 엄마에게 이 사람은 꽃 이름도 다 알고, 꽃이 언제 피고 지는지도 다 안다며 신명나게 자랑했던 기억이 난다.

엄마와 나눴던 계절의 기억

살구나무에 하얀 살구꽃이 피고, 차가웠던 공기에 새로 태어나는 생명의 냄새가 배어드는 계절. 봄은 내가 가장 좋아하는 계절이다. 나는 봄이 보여주는 생명력이 참 좋다. 겨우내 얼어붙었던 땅에 봄비가 다녀가면 나는 항상 엄마와 쑥, 냉이, 달래와 같은 봄나물을 캐러 담양의 명옥헌으로 갔다.

"태평양전쟁 때 일본 히로시마에 원자폭탄이 떨어졌잖아. 그 폐허가 된 죽은 땅에서 가장 먼저 싹을 틔워낸 생명이 바로

이 쑥이야. 이 조그만 게 정말 강인하지?"

엄마는 쑥을 캐며 항상 내게 작은 쑥이 가진 힘에 대해 말했다.

"엄마, 우리 매년 쑥 캐러 올 때마다 그 말을 여태 한 백 번은 한 거 알아?"

매년 쑥을 캐며 쑥이 전달하는 봄의 기운에 거듭 감탄하는 엄마에게 시큰둥하게 반응했지만, 봄의 힘찬 기운을 만끽하는 그 시간이 나도 참 좋았다. 연둣빛 봄 녘 들판에서 계절이 키워낸 봄나물들을 찾아 바구니에 한가득 담다 보면, 왠지 한 해를 잘 시작할 수 있을 것만 같은 희망찬 설렘이 부풀어 올랐다. 봄나물을 요리해 먹으며 입안 가득 봄 향기 품고 있으면, 몸에서 푸릇한 기운이 샘솟는 듯했다.

그림책 《가을에게, 봄에게》에서 봄은 만날 수 없는 가을과 서로의 계절에 대해 알려주며 편지를 주고받는다. 그러다 문득 봄은 가을과 평생 만날 수 없다는 생각에 편지를 그만 보내기로 한다. 가을이 만날 수 없는 자신과 편지를 주고받는 것을 재미없게 여길지도 모른다는 고민이 들었기 때문이다. 이런 고민을 겨울에게 털어놓자, 겨울은 봄과 가을이 똑 닮았다며, 가을도 똑같은 고민을 했다고 말한다. 가을도 봄처럼 너무 뜨겁지도 않고 차갑지도 않은, 한결같이 상냥한 계절이라고. 계절들이 나누는 다정한 이야기가 담긴 이 그림책을 읽다 보면, 엄마와 주고받은 편지와 이야기들이 절로 떠오르곤 한다. 우리는 유독 함께 보내는 계절과 계절에 따른 자연의 변화에 대해 자주 이야기 나눴다.

"거실 창문 밖으로 살구나무가 보인다고? 세상에나! 엄마도 그런 집에 살아보고 싶구나. 지금쯤 열매가 열렸을 텐데, 살구가 열린 것도 봤니? 얼마나 열렸어?"

신혼집을 구하러 다니던 여름이었다. 마음에 드는 집을 발견했다는 소식을 전하고자 처음 엄마에게 전화했을 때, 엄마는 창문 밖 살구나무의 안부에 제일 많은 관심을 보였다. 엄마는 그 집이 어느 동네에 있는지, 아파트인지 빌라인지, 몇 평인지, 얼마나 값을 치러야 하는지보다 집 구경할 때 창문 밖으로 잠깐 본 살구나무에 열매가 열렸는지를 먼저 물었다.

"아휴, 엄마도 참. 아직 우리 집이 될지 안 될지도 모르는데 내가 언제 살구 열린 것까지 확인했겠어."

엄마의 들뜬 목소리에 투덜대며 전화를 끊었지만, 엄마와의 통화를 마치고 살구나무를 처음 본 그날, 우리는 망설임 없이 집을 계약했다. 2층 동향이라 햇빛도 짧게 들고, 무엇보다 우리 부부 둘 다 처음 가본 동네였음에도 불구하고. 낯선 동네의 아파트 주차장에 차를 대놓고 차 안에서 방금 본 집을 되새기며 우리는 창문 밖 살구나무의 푸른 잎이 아른거리는 모습을 떠올렸다. 집 앞에 작은 숲이 있다는 사실. 그것만으로도 그 집에 살 만한 충분한 이유가 되었다.

연한 잎들이 푸르게 성장하여 햇빛과 바람에 일렁이는 모습은 여름에만 볼 수 있는 황홀한 장면이다. 빼곡히 녹음이 우거진 여름의 숲에서 엄마는 특히 더 바빴다. 푸르게 성장하는 온갖 나뭇잎 하나하나에 눈길을 주고, 이름을 불러주느라 말이다. 엄마가 들려준 나뭇잎 이야기를 모두 기억하는 것은 불가능에 가깝지만, 몇 가지 기억나는 냄새와 장면이 있다.

"메타세쿼이아는 원래 무척 추운 곳에서 사는 나무였단다. 그곳은 1년 동안 햇빛이 딱 3개월만 들어오고, 한여름에도 땅속 깊숙한 곳은 얼음이 녹지 않아 얼음층이 두터웠대. 부족한 햇빛을 보려면 최대한 높이 자라야 하는데, 혼자 자라기엔 강풍도 심하고, 얼음 때문에 뿌리도 깊게 뻗어 내릴 수 없는 거지. 그래서 이렇게 뿌리를 옆으로 내면서 서로가 서로를 꼭 붙잡고 있는 거야. 뿌리를 밑으로 깊게 뻗어 내리질 못하니 거센 바람이 불면 뚝 부러져버리지 않겠어? 나무들끼리 서로 연대를 하는 거지. 혼자서는 살 수 없잖니. 사람도 똑같단다, 다혜야. 부러지지 않게 연대하며 살 거라."

눈이 쌓인 겨울이면 엄마는 피리 부는 사나이처럼 놀이터에서 놀고 있는 동네 친구들을 모두 데리고 뒷산에 올랐다. 눈꽃, 눈 위에서 먹는 뜨끈한 수육 도시락, 나뭇가지 아래 주렁주렁 달린 고드름 등 겨울 산의 매력은 셀 수 없이 많지만, 어렸을 적 최고로 꼽았던 겨울 산의 백미는 바로 산에서 타는 눈썰매였다. 뒷산의 구석진 언덕에서 엄마가 가져온 포대 자루로 신나게 썰매를 타고 집으로 돌아가는 길, 엄마는 앙상한 나뭇가지 위에 쌓인 눈을 털어주며 우리에게 숲의 한해살이를 들려주었다.

"아이고. 얘가 이렇게 혼자만 컸으니 옆에 친구 나무들이 결국 죽어버렸네. 혼자 햇빛 보겠다고 불쑥 커버리면, 햇볕이 바닥까지 닿질 않아 그 옆의 나무들이 자랄 수가 없어. 경쟁하더라도 주위를 살피고, 숲 전체를 봐야 하는 거야."

"얘들아. 이 나무 나이테 좀 봐봐. 나이테 간격이 좁고, 색이 짙은 것을 보니 살면서 시련이 많았나 보구나. 옆에 있는 나무 나이테는 나이테 간격이 넓고, 색이 연하지? 아마 이 나무는 행복하게 살았을 거야. 오늘 우리 몸에도 이렇게 함께 뒷산에 오른 경험이 나무 나이테처럼 아름답게 새겨지고 있을 거란다."

자연을 살피지 않아도 살아지는
도시의 각박한 삶

늘 자연을 돌보며 자신을 삶을 되돌아보던 엄마와 떨어져 살게 되면서 나는 예전만큼 엄마와 계절의 변화를 생생하게 나눌 수 없게 되었다. 도시에서의 생활은 대부분 계절의 변화와 무관하게 굴러간다. 도시에 사는 우리는 기온의 변화에 따라 옷차림을 신경 쓰기만 해도 한 계절을 무사히 보낼 수 있다. 때문에 자연을 유심히 바라보는 일은 바쁜 도시의 삶에서 잊히기 십상이다.

이른 출근과 늦은 퇴근이 반복되는 일상 속에 커튼을 걷을 시간조차 없어지면, 집을 덜컥 계약하게 만든 이유였던 창문 밖 살구나무도 자연스레 기억 속에서 사라지고 만다. 그뿐인가. 처음에는 애지중지하겠다는 마음으로 집에 들인 반려식물들에 언제 물을 줬는지 가물가물해질 때가 찾아온다. 그 식물들이 너무 목이 마르다 못해 어느 날 갑자기 힘없이 줄기가 꺾인 채로 발견되고 나서야만 결국 나의 형편없는 물 주기와 무심함을 깨닫는 것이다.

봄나물을 캐지 않아도 스마트폰 앱을 이용해 당장 오늘 먹을 봄나물을 주문할 수 있다. 여름이면 에어컨을 틀어놓느라 창문 닫기에 바쁘고, 가을이면 출근길 보도블록 위에 떨어져 있는 '냄새 폭탄' 은행 열매를 피해 걷느라 발길이 부산하다. 겨울엔 조금만 추워도 히터와 보일러를 튼다. 바깥세상은 너무 추우니, 밖에서 걷는 일을 최소화하려 노력한다.

그렇게 도시 생활의 타성에 젖어 있을 즈음, 그림책 《연남천 풀다발》을 만났다. 《연남천 풀다발》은 작가가 매일같이 홍제천을 산책하며 계절마다 자연이 변화하는 모습을 오롯이 담은 그림책이다. 작은 들꽃과 풀들의 이야기를 읽으며 나는 문득 내가 아주 중요한 것을 잊고 있다는 생각이 들었다. '자연을 바라보는 일'의 강렬한 즐거움, 유심히 비라보며 얻는 발견, 살아 있다는 느낌 같은 것들. 엄마와 함께 보았던 무수한 푸름이 있었다. 아마 내 몸속 어딘가에, 연한 색을 띤 나이테로 기록되어 있을 푸른 시간들. 자연에겐 감탄사를 아끼지 않는 엄마와 함께 감탄하며 바라보았던 자연의 장면들이 내 머릿속을 스쳐 지나갔다.

언제나 똑같은 계절은 없다. 묵묵히 꽃을 피우고 씨를 뿌리는 일은 매번 치열하다. 이들은 버려진 화분, 아스팔트 틈새에서도 뿌리를 내리고 열매를 맺어 생명을 키운다. 때문에 잎을 키우고 열매를 맺는 등 작은 생명들의 찰나를 고스란히 담아낸 《연남천 풀다발》의 모든 장면은 묵직한 여운을 준다. 서랍

속에 고이 잠들어 있던 연애편지를 다시 꺼내 읽는 설렘으로 엄마와 보았던 자연을 떠올렸다. 그 어떤 일도 아무 이유 없이 일어나지 않는다는 작가의 글은 엄마의 목소리로 읽혔다.

온몸으로 계절을 받아들이는
자연의 숭고함

산국은 가을이 끝나갈 무렵, 떨어진 단풍 사이로 노랗게 꽃을 피워낸다. 그런 산국을 보며 '모두에게 저마다의 계절이 있다는 것이 이렇게나 반가울 수가'라고 말하는 작가의 말처럼, 계절마다 부지런히 매무새를 달리하는 자연을 만날 때 나는 그 경이로움에 살아 있음을 느낀다. 모든 식물이 저마다의 시간을 가지고 계절을 보내는 일을 보고 있으면, 엄마가 들려주었던 이야기들이 떠오르기도 하고, 자연이 지닌 색, 냄새, 형태들을 인지하면서 새롭게 펼쳐지는 생각들로 나의 세계가 넓어지기도 한다.

내 사고를 확장시키고, 잠들었던 감각을 깨우고자 나는 (빈번하게 잊어버리지만) 의식적으로 공을 들여 식물들의 시간 의식을 눈으로 확인하고자 한다. 소나무가 매해 3월부터 6월까지 딱 한 마디만 자란 뒤 성장을 멈추고 숨을 고르는 동안, 삼나무는 여름에 가장 열심히 잎을 키우고, 줄기를 내뻗는다. 저마다의 시간들이 교차하는 모습을 바라보며 나는 강렬한 시간 체험을 경험한다. 일 년에 한 마디만 성장하는 소나무를 보고 있으면 시간이 천천히 가는 듯 느껴지지만, 열심히 몸집을 키우는 삼나무를 보면 여름 한 계절도 쏜살같이 빠르게 지나갔구나 싶다.

식물들의 시간 의식을 보고 있으면, 작은 들풀, 커다란 나무, 울창한 숲 등 자연은 그 누구 하나 계절을 쉬이 보내지 않는 것 같다. 이들은 잎을 떨어내고, 꽃을 피우고, 씨를 뱉어내며 각자만의 방식으로 계절의 변화를 있는 힘껏 맞이한다. 자연의 조용한 변화들을 들여다보고 있노라면 그 숭고한 기운이 내게도 전달되어 나의 영혼이 치유되는 것 같다는 생각을 한다. 그림책 《잃어버린 영혼》에서 주인공이 식물의 성장을 바라보며 의자에 앉아 자신의 잃어버린 영혼을 기다리는 것처럼 말이다.

처음에 그는 자신의 영혼을 기다리며 작은 식물을 몇 개 들여놓는다. 작았던 식물들이 무럭무럭 자라고, 식물의 개수도 점차 늘어날 즈음 그는 마침내 자신의 잃어버린 영혼과 만나게 된다. 영혼을 되찾은 그는 자신의 영혼과 함께 식물이 무성해진 집에서 오랫동안 행복하게 산다. 이제 그의 집은 창문 밖 하늘 높이까지 줄기가 높다랗게 자랄 정도로 식물로 가득 하다. 저마다의 시간을 통과하며 부지런히 생명을 키워나가는 자연의 신비로움이 주인공과 그의 영혼, 나의 영혼까지 줄기를 뻗어 감싸 안아주는 듯하다.

주인공의 세계가 자연의 푸름으로 가득 채워지는 마지막 장면에서는 탄성이 절로 나왔다. 나의 세계가 무성히 자라 자연의 푸름으로 채워지는 상상은 내가 언제나 바라왔던 모습이었다. 《잃어버린 영혼》을 만나고 난 뒤, 나는 다시 창문 밖으로 보이는 살구나무의 안부를 살피고, 반려식물들을 돌보는 일에 정성을 들이게 되었다. 그 행위들이 나의 자아를 확장시키고 영혼을 가꾸는 매우 소중하고, 귀한 의식임을 잊지 않으려 한다.

빛도 바람도 부족하고, 물도 시원찮게 주는 주인을 만나 힘들지만, 어떻게든 살아보겠다고 빛을 향해 가지를 뻗는 귀여운 반려식물들을 어루만진다. 왠지 나도 어디론가 힘차게 뻗어나갈 수 있을 것 같은 믿음이 생긴다. 봄에 돋는 여린 새싹, 여름에 쑥쑥 자라는 잎과 줄기, 가을에 예쁘게 열리는 꽃과 열매, 겨울 추위에도 무너지지 않고 단단히 버티는 생명력은 언제나 나를 반성하게 만든다. 계절에 따라 피고, 지고, 맺고, 떨구는 모든 순간이 순리에 맞고 무한대로 아름답다.

　오늘은 퇴근하고 돌아오자마자 창문을 열어 살구나무를 찬찬히 살펴보았다. 겨울을 버티고 꽃을 먼저 피우는 나무라 하얗고 귀여운 살구꽃을 오매불망 기다리고 있던 참이었다. 고개를 한껏 내밀어 햇빛과 가장 가까운 나뭇가지 끝을 자세히 살펴보니, 조그맣고 연한 연둣빛 새싹이 올라와 있다. 아직 꽃도 피우지 않았는데 잎이 먼저 올라온 걸 보아 올해 살구꽃 보기는 글렀나 보다. 살구나무에 꽃이 폈는지 매우 궁금해할 엄마에게 이 소식을 전하니, 역시 엄마다운 대답이 이어진다.

　"살구나무가 올해 해거리를 하나 보네. 나무는 버릴 줄도 알고 쉴 줄도 알잖아. 다혜, 너도 너무 아등바등 살지 말거라. 버릴 건 버리고. 쉴 땐 쉬어야지!" ◆ 김다혜

《가을에게, 봄에게》
(사이토 린·우키마루 글, 요시다 히사노리 그림, 이하나 옮김, 미디어창비, 2020)

절대 만날 수 없는 가을과 봄이 서로 편지를 주고받는다는 따뜻한 상상력이 녹아 있는 그림책. 사계절이 가진 각각의 매력은 무엇인지 알 수 있고, 만날 수 없는 상대에게 편지를 건네는 행위로부터 온기를 느낄 수 있다. 서정적인 그림체로 표현된 봄가을의 모습과 그들이 쓴 편지를 읽다 보면, 누군가에게 다정하게 편지를 건네고 싶다는 생각이 든다.

《연남천 풀다발》 (전소영 글·그림, 달그림, 2018)

따듯하고 섬세한 시선으로 작은 풀꽃들의 사계절을 담은 그림책이다. 작가는 홍제천을 매일 산책하며 도시의 풀꽃을 관찰했다고 한다. 작은 풀꽃들의 삶을 들여다보며 자연스레 우리네의 삶도 돌아보게 된다. 세상의 속도를 따라잡느라 자기만의 속도를 잃어버린 것은 아닌지, 너무 쉽게 포기한 것은 아닌지 말이다.

《잃어버린 영혼》
(올가 토카르축 글, 요안나 콘세이요 그림, 이지원 옮김, 사계절, 2018)

이 그림책은 영혼을 잃어버린 한 남자가 도시 변두리의 낡은 집에서 영혼을 기다리는 이야기로 시작된다. 영혼을 잃어버리게 된 사건만 글로 서술되어 있고 나머지 이야기는 독자가 감각적인 그림들을 감상하며 자유롭게 해석할 수 있다. 갈색 종이가 지닌 특유의 분위기와 섬세하게 표현된 그림들을 보다 보면 내 영혼은 잘 있는지 자신의 삶을 돌아보게 되는 신비를 경험할 수 있다.

에필로그

나에게 그림책이란?

그림책은 나를 끊임없이 흔드는 예술 작품이다. 그림책을 펼치기 직전의 그 순간은 기대되는 전시 공간에 첫발을 내디딜 때의 설렘과도 같다. 작가는 하고 싶은 말을 언어로 함축하고, 그림으로 함축한다. 나는 의도된 작품 한 장 한 장을 넘기며 작가가 기획한 세계로 빠져든다. 그 세계를 온전히 읽어내고 싶다. ◆ 김다혜

그림책은 나를 간지럼 태운다. 세상에 마음을 닫고 꽁꽁 얼어붙어 있는 나에게 어느 날 그림책은 다가와 "너 언제까지 그렇게 버티나 보자" 하며 옆구리를 간지럽혔다. 간지럼을 참지

못한 나는 움츠러들었던 어깨를 쭉 펴고 마음속에 담았던 말들을 하나둘씩 표현하게 되었다. 오늘도 그림책 한 권을 펼치니 나누고 싶은 이야기들로 마음이 간질간질하다. ◆ 김미주

그림책은 오묘한 빛을 내는 자개다. 보는 각도에 따라 자개 빛이 달라지듯, 그림책은 보는 시선에 따라 다른 매력을 내뿜는다. 자개가 바다의 빛과 이야기를 품고 있듯, 그림책은 세상의 모든 빛과 이야기를 담고 있다. 은은하고도 힙hip한 자개처럼 그림책은 잔잔하며 번뜩인다. 그림책의 오묘한 세계는 끝이 없다. ◆ 심설아

그림책은 배낭이다. 텅 빈 배낭처럼 여백 가득한 그림책은 산들바람처럼 젖은 이마를 식혀주고, 물 샐 틈 없이 그림과 텍스트로 가득 찬 그림책을 읽으면 숨은 뜻을 찾느라 시간 가는 줄 모른다. 배낭을 메고 터벅터벅 걷다 보면 저만치 배낭을 짊어진 여행자가 보인다. 그 사람의 배낭 속엔 어떤 이야기가 담겨 있는지 알 수 없다. 침이 꼴깍 넘어간다. ◆ 김여진

그림책은 한 잔의 커피다. 때로는 달콤하게, 때로는 쌉싸름하게, 때로는 부드럽게 혀끝을 감싸는 커피처럼 다양한 그림과

문장으로 다가와 몸과 마음의 피로를 사르르 녹여준다. 늦은 오후, 커피 한 잔 마시며 그림책을 읽는 시간을 언제나 사랑한다. ◆ 김지민

그림책은 나에게 풍경 소리를 들려준다. 찰그랑찰그랑 소리가 나는 쪽으로 고개를 돌리니 새로운 풍경이 눈앞에 펼쳐진다. 삶이 던져준 무게로 나른해진 몸과 마음을 일으켜 세운다. 바람이 불어오는 곳을 향해, 색과 언어가 춤을 추는 곳을 향해 귀를 기울인다. 내 안에서 울리는 잔향이 애틋해 옆 사람의 눈을 바라보며 말한다. "너는 무얼 느끼고 있어?" ◆ 우서희

그림책은 나뭇잎을 띄운 물 한 그릇이다. 내 안의 깊은 갈증을 해결해주면서도 빨리 마시고 앞으로 나아가라고 채찍질하지 않는다. 천천히 이곳에 머물러 숨을 고를 때까지 기다려준다. 멈춰 있는 이 시간의 의미를 스스로 찾을 때까지 여린 나뭇잎을 닮은 책장을 넘기며 그림책 세계로 빠져든다. ◆ 이한샘

그림책은 봄밤에 흐드러지게 핀 아카시아다. 그 향기에 취하면 좋은 것을 향한 감수성이 활짝 열린 상태가 된다. 그 상태로 달밤에 홀로 오롯이 깨어 글을 쓰고 끼적이기

를 좋아한다. 달빛 아래 글과 그림 사이를 거닐면서 살다 보니 시큰둥하지 않은 마음으로 사물과 현상을 바라보게 됐다. 크게 감탄하고 자주 감격하면서 산다. ◆ 이현아

그림책은 징검돌이다. 삶의 거센 물살에도 그림책을 징검돌 삼아 건넌다. 머리가 복잡할 때는 그림책을 읽으며 마음을 다잡는다. 따뜻하고 단단한 징검돌이 있기에 다시 뛸 수 있다. 이제는 마음의 풍랑을 만날 때, 그 주제를 마음 안에 묵혀 그림책으로 담는다. 사람들도 내가 놓은 징검돌 위에서 잠시라노 쉬어가면 좋겠다. ◆ 조시온

부록 1

그림책 모임 운영에 관한 팁

그림책은 아이들을 위한 매체라는 고정관념에서 벗어나 최근에는 성인들의 그림책 읽기에 대한 관심이 부쩍 높아졌다. 그림책 모임도 활발하게 이루어지고 있는 분위기다. 그림책 모임은 구성원에 따라 다양한 방식으로 운영이 가능하며 정해진 틀은 없다. 여기에서는 '좋아서하는그림책연구회'의 그림책 모임 운영 방식을 공유하고자 한다. '좋아서하는그림책연구회'의 그림책 모임은 두 가지 방식으로 이루어진다. 바로 운영진들의 '연구' 모임과 오픈 강연 형태의 '나눔' 모임이다. 전자가 소규모로 이루어지는 독서 모임의 일반적인 풍경에 가깝다면, 후자는 연구 모임에서 나온 이야기들을 바탕으로 더욱 많은 사람들과 그림책을 매개로 소통하는 강연 형식으로 진행된다.

1. 운영진 '연구' 모임

'좋아서하는그림책연구회'의 운영진 연구 모임은 일주일에 한 번씩 이루어진다. 연구 모임은 크게 세 가지 방향으로 진행한다.

① 매주 새로운 그림책 나누기
② 한 달에 한 가지 주제 정해 깊이 파고들기
③ 연구 모임을 오픈 강연으로 연결하기

① 매주 새로운 그림책 나누기

연구 모임의 경우, 일주일에 한 번 모임을 가질 때마다 아홉 명의 운영진이 각자 마음이 통한 그림책을 한 권씩 가져와서 공유하는 시간을 갖는다. 눈여겨보았던 신간 그림책에서부터 동네 책방에 들렀다가 우연히 발견하게 된 그림책에 이르기까지, 보따리를 풀 듯 저마다 들고 온 다양한 그림책을 펼쳐 놓고 이야기꽃을 피우며 모임을 시작한다.

이 시간을 통해 새로운 그림책에 대한 정보를 업데이트하는 동시에, 그림책을 바라보는 다양한 시선을 공유하는 계기가 되기도 한다. 한 권의 그림책을 아홉 명의 시선으로 읽다 보면, 혼자 읽을 때에는 눈에 들어오지 않던 단어나 그림이 다시 보이기도 한다. 또한 "어떤 장면과 마음이 통했어?", "이 그림책에 얽힌 특별한 기억이 있는 거야?" 하며 서로 묻고 대답하는 와중에 그림책을 사이에 두고 각자의 삶의 이야기를 꺼내놓으면서 서로의 일상을 자연스럽게 나눌 수 있다.

② 한 달에 한 가지 주제 정해 깊이 파고들기

'좋아서하는그림책연구회' 연구 모임에서는 한 달에 한 가지 주제를 정해 집중적으로 파고든다. 그 과정의 결과물은 이후 한 달에 한 번 열리는 오픈 강연의 바탕이 된다. 이를 위해서는 연구 모임에 참여하는 운영진 각자가 품은 삶의 주제를 나누는 과정이 우선적으로 필요하다.

'삶 속에서 가장 고민하는 주제, 내 마음을 자꾸만 건드리는 화두는 과연 무엇일까?' 이와 같은 질문을 던지면서 한 달에 한 가지 주제를 정해 깊이 파고들며 그림책을 읽는다. 이것은 '좋아서하는그림책연구회'를 시작한 2017년 가을부터 지금까지 지속적으로 이어오는 방식이다. 이를테면 2018년을 시작하며 우리가 꺼내놓았던 삶의 화두는 '틀과 자유', '감정', '갈등', '젠더', '나눔' 등 실로 다양했다. 우리는 이 주제들을 토대로 1년 동안 진행할 연구 계획을 세웠다. 구성원들이 매달 한 명씩 돌아가면서 발제자가 되어서 자신이 제시한 주제에 대해 세부적인 질문과 구체적인 화두를 던졌다.

그림책 모임을 풍성하게 이어가기 위해서는 그림책을 함께 읽고 감상을 나누는 데에서 한 걸음 나아가 각자의 삶 속으로 흘려보내는 과정이 중요하다. '좋아서하는그림책연구회'는 연구 모임에서 진행했던 그림책 감상과 연구 활동을 운영진들의 일터인 교실 현장에서의 적용으로 이어갔다. 구성원 모두가 현직 교사라는 공통점이 있었기 때문에 모임에서 읽고 감상한 내용을 자연스럽게 학교 현장으로 가지고 가서 아이들과 나눌 수 있었다. 매달 하나의 주제를 연구하다 보면 그림책으로 아이들과 나누고 싶은 다양한 수업 아이디어가 생겨났다.

이를테면 이런 식이다. '감정'에 대해 연구하면서 몰리 뱅의 그림책 《소피가 화나면, 정말 정말 화나면》을 흥미롭게 감상했다면, 몰리 뱅이 그림의 원리에 대해 쓴 이론서인 《몰리 뱅의 그림 수업》을 함께 읽으면서 그림책을 좀 더 깊게 파고든다. 그렇게 충분히 감상한 후 이 그림책과 이론서를 교실 속으로 가지고 들어가서 각자 학급의 아이들과 함께 다채롭게 수업을 진행하는 것이다. 어떤 운영진은 '나를 두렵게 하는 존재를 도형과 색으로 나타낸다면 어떻게 표현할 수 있을까?'라는 질문을 가지고 추상 콜라주 활동을 통해 그림책 창작 수업을 진행했다. 또 다른 운영진은 '화'라는 감정을 파고들면서 아이들과 함께 글쓰기 수업을 이어가거나 교육연극을 통해 자신의 감정을 건강하게 표현하는 수업을 진행하기도 했다.

③ 연구 모임을 오픈 강연으로 연결하기

연구 모임을 통해 한 달 동안 머리를 맞대며 그림책에 대해 소통했던 과정은 고스란히 오픈 강연의 콘텐츠가 되었다. 그 달의 주제를 제시한 발제자는 마지막 주 오픈 강연의 강연자로 무대에 섰다. 한 달 동안 집중적으로 연구한 결과를 하나의 맥락을 가진 강연으로 꿰어내는 과정 역시 모든 운영진이 함께 협력하여 해냈다.

운영진들이 협력하여 오픈 강연을 준비했던 과정 중에서 지금도 잊을 수 없는 장면이 하나 있다. 서로 잘 어울리는 그림책과 음악을 큐레이션 하여 함께 감상하는 방식으로 오픈 강연을 준비할 때의 일이다. 당시 우리는 유리 슐레비츠의 그림책 《새벽》을 잔잔한 피아노 선율과 함께 감상해보자고 논의하고 있었다. 이때 운영진 한 명이 새로운 아이디어를 제안했다. "잔잔한 그림책과 음악은 이미 강연 내용으로 구성되어 있으니까, 이번엔 신나는 분위기를 낼 수 있는 그림책과 음악도 한번 생각해보면 어떨까?" 흥미로운 제안이었다. 여기에 또 다른 운영진이 생각을 보탰다. "그림이 선명하고 리듬감이 느껴지면 좋겠는데…… 다들 떠오르는 그림책 없어?" 그러자 또 다른 운영진이 무릎을 치면서 그림책 한 권을 추천했다. "서현 작가의 그림책 《간질간질》 어때? 인물 표현을 보면 마치 군무를 추는 것처럼 리듬감이 딱딱 느껴지는 그림책이잖아!"

그렇게 그림책 《간질간질》을 오픈 강연에서 소개하기로 결정했다. 이제 이 그림책과 어울릴 만한 음악을 찾아서 매력적으로 감상할 방법을 고민할 차례였다. 오랜 논의가 이어진 끝에 한 운영진이 턱 끝으로 까딱까딱 리듬을 타면서 이렇게 말했다. "욜란다 비 쿨이 부른 〈We No Speak Americano〉라는 음악 알아? 《간질간질》 책장을 넘겨가면서 보는 중에 이 음악이 딱 떠오르더라고! 주인공의 동작과도 잘 어울릴 것 같아."

아이디어를 주고받으며 그림책과 음악을 연결한 것만으로도 흥미로웠는데, 또 다른 운영진이 신나는 분위기를 더욱 북돋을 수 있도록 오픈 강연 날 미러볼 불빛까지 함께 쏘면 어떻겠냐는 의견도 더했다. 운영진들이 저마다 제시한 아이디어가 어우러진 덕분에 그림과 활자를 읽는 데에서 더 나아가 청중들과 함께 오감으로 생생하게 그림책을 감상할 수 있었다. 운영진들이 한 달 동안 함께 협력하여 만들어낸, 하나의 무대예술과 같은 강연이었다.

Plus Tip

◆ 그림책 모임을 운영할 때 주제를 선정할 필요가 있나요?

그림책 모임을 운영할 때, 매달 방향성을 가진 한 가지의 주제를 선정하길 권한다. 주제는 모임 구성원의 성향에 따라 다양하게 선택할 수 있다. 모임 구성원이 삶 속에서 고민하는 화두를 가지고 주제를 정할 수도 있지만, 매달 한 명의 작가를 정해서 탐구해볼 수도 있다. 모리스 샌닥, 데이비드 위즈너 등 좋아하는 작가를 '이달의 작가'로 정하고, 해당 작가의 그림책을 비롯해 그 밖의 다양한 서적을 찾아 읽으며 대화의 꽃을 피울 수도 있다. 이를테면 유리 슐레비츠를 이달의 작가로 선정했다면, 작가의 그림책 《새벽》, 《월요일 아침에》 등을 읽으면서 동시에 유리 슐레비츠의 그림책 창작론이 담긴 《그림으로 글쓰기》를 함께 읽어보는 식이다.

부록 2에는 이 책의 저자들이 저마다의 삶 속에서 건져 올린 주제들과 그 주제를 잘 담아낸 그림책 150권의 목록을 제시해두었다. 그림책 모임을 운영하면서 월별 주제를 선정할 때 유용하게 활용하길 권한다.

◆ 한 사람이 매달 고정적으로 발제를 맡아서 하면 되나요?

모임의 특성에 따라 주제를 선택했다면, 운영 방식에 있어서도 한 가지 제안하고 싶은 점이 있다. 한 사람이 고정적으로 발제를 도맡기보다는 한 명씩 돌아가면서 고유의 주제를 가지고 발제를 해보길 권한다. 그래야만 모든 구성원이 빠짐없이 책임감을 느끼고 모임에 참여하면서 함께 성장해나갈 수 있다. 그림책 모임 운영의 1년 계획을 짜면서 미리 월별 주제와 발제자를 정해놓으면 해당 구성원이 미리 발제 준비를 할 수 있어서 좋다.

◆ 구성원들의 자발적인 참여를 이끌어낼 방법이 있을까요?

매달 한 명의 구성원이 발제자가 되어서 자신의 주제를 가지고 화두를 던질 때, 나머지 구성원들도 그 주제를 함께 연구하면서 다양한 자료를 아낌없이 나누는 역할을 한다. 내가 발제자로 설 때 나머지 구성원들이 아이디어와 자료를 아낌없이 나누어주면 정말 큰 힘이 된다. 한 번 고마운 마음을 경험하고 나면, 다음에 또 다른 구성원이 발제자로 나설 때 기꺼이 아이디어와 자료를 나누어주고 싶어진다. 이렇게 나눔의 선순환 궤도에 우뚝 올라서면 구성원들이 모임에 적극적으로 참여하면서 자연스럽게 마음을 나눌 수 있다.

2. 오픈 강연 '나눔' 모임

'좋아서하는그림책연구회'의 오픈 강연이 가지는 특징은 그림책을 매개로 직업, 지역, 나이 등에 관계없이 다양한 사람들이 한자리에 모여 소통한다는 점이다. 매달 부산, 순천, 영월 등 전국 각지에서 다양한 삶의 배경을 가진 분들께서 그림책을 품에 안고 강연장으로 찾아왔다. 한 번 오셨던 분들이 주변에 '좋아서하는그림책연구회 강연에 가면 살아 있는 감동이 있더라' 하시며 적극적으로 소개해주신 덕분에 매달 오픈 강연은 성황을 이루었다. 처음 시작할 때에는 40명 남짓으로 시작했던 모임이 어느덧 100명 규모로 성장해서 그에 걸맞은 강연 장소를 섭외해야 할 정도였다. 오픈 강연 '나눔' 모임은 총 3부에 걸친 프로그램으로 진행되었다.

① 그림책 강연으로 마음의 벽 '깨기'
② 소그룹 나눔 활동으로 내면의 이야기 '꺼내기'
③ 자기표현으로 소통하며 '나누기'

① 그림책 강연으로 마음의 벽 '깨기'

　1부는 운영진의 강연으로 진행되었다. 그림책 강연을 통해 마음의 벽을 허물고 내 안의 고정된 틀을 깨는 시간이다. 이 강연은 모임 운영 초창기인 2017~2018년에 진행했던 주제별 연구를 토대로 다양한 형태로 그 범주를 넓혀나갔다. 2019~2020년에는 그림책으로 새로운 문화를 만드는 다양한 시도를 했다. 날씨가 좋은 5월에는 지역의 독립서점으로 나들이를 떠나는 '봄밤 달빛 책방 투어'를 기획했다. 참가자들과 함께 마포구 성산동의 독립서점인 '책방 사춘기'과 마포구 도화동의 그림책 전문 서점 '프레드릭'을 방문해서 책을 구매하고 각자가 품은 화두를 나누었다. 여름이 시작되는 7월에는 두 명의 강연자가 라디오 DJ로 변신했다. 이름 하여 '좋아서 터놓는 그림책 라디오'로 마치 라디오 공개방송처럼 참가자들로부터 미리 상담 사연을 받아서 그림책으로 대답하는 방식으로 강연을 펼쳐냈다. 그런가 하면 마음이 간질간질해지는 가을날에는 '심야 그림책 캠핑'으로 그림책 토크를 기획하여 뜨거운 호응을 얻었다.

'심야 그림책 캠핑' 준비 과정은 그 어떤 오픈 강연 준비 때보다 기억에 남는다. 운영진의 아이디어와 열정이 만들어낸 종합예술과도 같은 무대였기 때문이다. 가을이 무르익어갈 무렵, 훌쩍 캠핑을 떠나고 싶었던 우리는 아예 '좋아서하는그림책연구회' 강연장을 하나의 캠핑장으로 만들어보기로 했다.

"이번 달은 강연자를 한 사람이 아닌 두 명으로 하자. 두 친구가 마치 캠프파이어를 할 때처럼 캠핑장에 나란히 앉아서 두런두런 이야기를 주고받는 형식으로 강연을 진행해보면 어때?"

"두 친구의 대화니까 높임말 대신 친근한 말투로 강연을 진행해보면 어떨까? 경직되지 않은 분위기에서 자연스럽게 진행하면 좋겠어."

"강연이 시작될 때 풀벌레 소리를 ASMR로 넣어보면 어떨까? 실제 캠핑장에 와서 풀밭에 도란도란 둘러앉아 이야기를 나누는 것처럼 분위기를 만들어보는 거야. 소리는 내가 한번 찾아볼게."

"무대 위에 직접 텐트를 쳐보면 어떨까? 진짜 캠핑장에서 그림책을 읽는 기분을 느낄 수 있도록 말이야. 강연장의 전체적인 조명은 어둡게 하고 대신 텐트에 핀 조명을 설치하면 좋겠어."

운영진들은 여느 때처럼 손발을 척척 맞추어 무대에 텐트를 치고 조명과 음향을 연출했다. 조명이 깜깜하게 꺼진 강연장에 풀벌레 소리가 울려 퍼지고, 딸깍 핀 조명이 켜지자 두 강연자가 모습을 드러냈다. 캠핑 의자에 나란히 앉은 두 강연자는 그림책을 매개로 여행에 대한 단상과 나이 들어감에 대한 성찰을 조곤조곤 풀어냈다. 해묵은 엄마의 육아일기와 손때 묻은 작업 노트를 가져와서 함께 넘겨보며 가을밤의 정취에 푹 빠져든 시간이었다.

매달 운영진들이 협력하여 구성한 강연에 참가자들은 따뜻한 마음으로 화답해주었다. 모든 강연에 한 번도 빠지지 않고 참석하며 응원해주는 분들도 생겨났고, 맛있는 간식을 건네며 운영진을 격려해주는 분들도 계셨다. 저녁도 거른 채 강의 준비에 매진했던 운영진에게 그 마음이 얼마나 귀하게 다가왔는지 모른다. 우리가 성심껏 펼쳐낸 강연을 통해 참가자들은 각자의 삶에 새로운 화두를 전해 받았다. 참가자들이 자기 안에 견고하게 굳어진 틀을 자유롭게 깨뜨리는 것을 보면서 운영진으로서 기쁨을 누릴 수 있었다.

② 소그룹 나눔 활동으로 내면의 이야기 '꺼내기'

이렇게 1부에서 살아 있는 강연으로 가슴에 불을 지피고 나면, 2부에서는 '꺼내기'가 시작된다. 2부는 소그룹 나눔 활동을 통해서 참가자들 각자가 가슴속에 품고 있던 이야기를 밖으로 꺼내는 시간으로 구성했다.

'좋아서하는그림책연구회'의 오픈 강연을 기획하면서 운영진들이 함께 뜻을 모은 부분이 있다. 바로 참가자들이 강연자의 강연을 그저 가만히 앉아서 수동적으로 듣는 데에만 머무르지 않도록 하겠다는 다짐이다. 우리는 참가자들이 강연을 듣고 내면에 피어오른 이야기를 밖으로 꺼내어서 자유롭게 나누는 소통의 장을 마련하고 싶었다.

2부가 시작되면 커다란 강연장에서 모인 100여 명의 참가자가 삼삼오오 소그룹으로 흩어졌다. 이때 기존에 알던 사람들보다는 되도록 새로운 사람들과 그룹을 이루도록 권했다. 이렇게 만들어진 소그룹의 사람들과 함께 각자가 가져온 그림책을 꺼내 나누었다. 매달 강연 공지를 할 때 하나의 주제를 제시하여 참가자들이 미리 주제와 관련이 있는 그림책을 골라올 수 있도록 했다. 물론 주제와 상관없이 본인이 아끼는 그림책을 들고 와도 얼마든지 환영이었다. 집단지성이 정성껏 골라 온 그림책을 한데 모아 기록해두고 싶은 마음에 참석자들이 가져온 그림책을 사진으로 찍어서 패들렛Padlet(하나의 작업 공간에 자료를 업로드 해서 실시간으로 공유할 수 있는 웹사이트)을 통해 공유하기도 했다.

　2부가 진행되는 동안 운영진의 눈으로 참가자들의 모습을 가만히 둘러보곤 했다. 그림책과 함께 자기 삶의 이야기를 꺼내면서 눈물샘이 터져 훌쩍이는 사람들을 보았다. 떨리는 목소리로 감격을 나누는 사람들이 있는가 하면, 뭐가 그렇게도 재미있는지 강연장이 떠나가도록 유쾌하게 웃는 사람들도 있었다. 서로가 가져온 그림책에 매료되어 눈을 동그랗게 뜨고 입을 벌린 채 상대방의 말을 경청하는 사람들의 표정을 바라볼 때, 이 자리를 마련한 사람으로서 말할 수 없는 충만함을 느꼈다.

③ 자기표현으로 소통하며 '나누기'

　2부 소그룹 나눔을 통해서 강연장이 후끈 달아오르면, 이제 3부 '나누기'를 시작할 차례다. 3부는 참가자 각자가 내면에서 꺼낸 것들을 토대로 자기를 표현하는 시간으로 구성했다. 이를테면 '틀과 자유'를 주제로 오픈 강연을 했을 때에는 3부에서 엽서와 붓펜, 색연필을 가지고 내가 깨뜨리고 싶은 내면의 틀을 마음껏 표현하는 시간을 가졌다.

　이날 어떤 참가자는 '붓펜을 가지고 엽서에 그림을 그린다'라는 틀 자체를 거부했다. 대신 붓펜 끝을 마치 송곳처럼 활용해서 엽서에 구멍을 뻥 뚫어버리는 퍼포먼스를 선보였다. 또 어떤 참가자는 소그룹으로 만난 사람들의 엽서를 모아놓고 붓펜으로 서로의 엽서를 잇는 그림을 그리기 시작했다. 개인이 가진 한계와 틀을 뛰어넘어 서로가 연결될 때 하나의 새로운 장면을 완성할 수 있다는 메시지를 담은 것이다. 짧은 시간 동안 이토록 다채롭고 풍부한 표현이 우리 가운데에서 흘러나왔다.

그러나 강연에 참석하는 인원이 점차 늘어나자 책상과 준비물을 마련해서 글을 쓰거나 그림을 그리기는 방식의 '나누기' 활동을 하는 것이 점점 어려워졌다. 대신 참가자 중 발표를 원하는 분들께 마이크를 내어드리고 그림책을 통해 전하고 싶은 메시지를 나누는 시간을 가졌다. 어떤 강연 때에는 그림책 작가님이 직접 쓰고 그린 그림책을 소개하시기도 했고, 또 어떤 강연 때에는 악기를 다루는 분이 그날 다루었던 그림책의 정서를 선율에 담아 표현해주시기도 했다.

'좋아서하는그림책연구회' 강연 때마다 빠지지 않고 오신 참가자 분들 중에서는 마른 장작에 불이 붙듯 창작의 열기를 뜨겁게 태우는 분들도 계셨다. 강연장에서 받은 자극이 불씨가 되어 아이들과 함께 그림책 창작에 도전하거나, 본인이 가슴속에 내내 품고 있던 이야기를 한 권의 그림책에 담아내기도 했다. 감상하는 사람에서 창작하는 사람으로 성장한 분들의 이야기를 들을 때마다 가슴이 뻐근해질 만큼 뿌듯함을 느꼈다.

Plus Tip

모임을 운영하다 보면 여러 가지 제약으로 오픈 강연을 진행하기 어려운 경우가 많다. 이런 분들을 위해 유용한 팁을 드리고자 한다. 사람들 앞에서 오픈 강연을 진행하는 일이 부담스럽고 어렵다면 모임 구성원들끼리 내부적으로 다음에 제시하는 '소규모 나눔 3단계 프로그램'을 진행해보길 권한다. 앞에서 이야기했던 '좋아서하는그림책연구회'의 오픈 강연 방식인 '깨기-꺼내기-나누기'의 과정을 모임 내부의 구성원들과 함께 소규모로 얼마든지 진행할 수 있다.

◆ 깨기: 책과 강연을 통해 모임에 새로운 화두를 던져보기

구성원들이 함께 그림책 이론서를 선정해서 읽거나 작가를 초청하여 강연을 들을 수 있다. 이 과정을 통해 모임에 새로운 화두를 던지는 것이 중요하다. 각자가 가진 사고의 틀을 유연하게 깨뜨리고 신선한 자극을 받는 시간이다.

◆ 꺼내기: 자유로운 대화의 장을 통해 내면의 이야기 길어 올리기

책과 강연을 통해서 구성원들에게 새롭게 생겨난 삶의 화두를 나누는 시간이다. 자유로운 대화의 장을 마련하고 발언권

을 다양하게 분배해서 구성원들이 내면의 이야기를 마음껏 꺼낼 수 있도록 한다.

◆ 나누기: 함께 창작을 향해 나아가기

내 안에서 길어 올린 이야기들을 토대로 함께 창작을 향해 나아가보기를 추천한다. 들숨을 들이쉬는 것처럼 새로운 화두를 전해 받았다면, 이제 날숨을 내뱉듯이 내 안에 생겨난 이야기를 시원하게 발산할 차례다. 구성원들이 함께 모여 글을 쓰거나 그림을 그리는 등 다양한 방법을 시도해볼 수 있다. 색연필로 매일 한 장씩 손 그림을 그려볼 수도 있고, 짤막한 그림책 칼럼 형식의 글을 차곡차곡 써나가 볼 수도 있다. 아이패드로 짧은 웹툰 형식의 일기를 끄적거릴 수도 있고, 이를 토대로 나만의 그림책을 구상하여 정성껏 쓰고 그려볼 수도 있다.

'창작은 특별한 사람들이 하는 일'이라고 생각하면서 선을 긋기보다는 내게 잘 맞는 표현 방법을 찾아서 서툴더라도 있는 그대로의 나를 표현해보자. 나에게 편안한 자기표현 방식을 발견하고 나면, 어느새 하나의 작품을 완성해나가는 재미에 푹 빠져든 자신을 발견할 수 있을 것이다. 어떤 방식이라도 괜찮다. 그저 읽고 듣는 것에만 머무르지 말고 자기를 표현하고 창작하는 작은 발걸음을 과감히 떼어보길 권한다.

◆ 서툰 자기표현의 시작을 서로 지지하고 응원하기

이렇게 '소규모 나눔 3단계 프로그램'을 통해서 그림책 감상에서부터 창작으로 이어지는 과정을 경험할 수 있다. 이쯤 되면 아마 어떤 구성원은 글을 쓰거나 그림을 그리면서 자기 안에 피어오른 이야기를 하나의 작품으로 완성해나가기 시작했을 것이다. 이때 곁에 있는 한 사람으로서 창작물의 든든한 지지자가 되어서 힘껏 응원해주길 바란다. 아직은 투박한 글, 서툰 그림이라도 괜찮다. 이 모든 과정을 혼자가 아닌 모임 구성원과 함께해나가고 있으니까. 그 힘으로 우리는 꾸준히 앞을 향해 걸어 나가며 자기표현을 능히 해나갈 수 있다.

3. 코로나 시대, 온라인에서 그림책 모임 진행하기

2017년 가을부터 '좋아서하는그림책연구회'를 운영하면서 매달 다양한 참가자들과 소통하는 기쁨에 푹 빠져들었다. 2019년 12월에는 '그림책과 예술'을 주제로 하나의 축제와도 같은 강연을 펼쳐냈는데, 오픈 강연에 참석한 모두가 드레스코드에 맞춰 옷을 차려 입고 연말 분위기를 한껏 만끽하며 그림책을 사이에 두고 소통하던 시간이 아직도 생생하다. 그 자리가 마지막 대규모 강연이 될 줄은 꿈에도 몰랐다. 코로나19로 인해 2020년에는 대형 강연을 이어가기가 어려워졌기 때문이다.

매달 다양한 사람들과 만나서 소통하고 교감하던 감각을 잃은 채 덩그러니 떨어져 지낼 수만은 없었다. 출구는 온라인에 있었다. 2020년 유튜브 채널 〈현아티비〉를 오픈하여 운영하면서 유튜브라는 새로운 매체를 통해 소통하기 시작했는데, 이때의 경험을 살려서 '좋아서하는그림책연구회'의 오픈 강연도 온라인 라이브 방송의 형식으로 계속 이어가면 좋겠다는 생각이 들었다. 그렇게 '좋아서하는그림책연구회'는 2020년 4월부터 그림책 토크쇼 형식의 유튜브 라이브 방송을 시작했다.

유튜브 라이브 방송을 진행하면서 우리는 현장 강연과는 전혀 다른 감각으로 참여자들과 소통했다. 이전에는 강연장을 가득히 채운 사람들과 눈을 맞추고 고개를 끄덕여가며 교감했다면, 유튜브 라이브 방송을 진행할 때에는 실시간 댓글이라는 새로운 방식으로 참가자들의 존재를 실감했다. 카메라를 쳐다보면서 강연을 펼쳐내는 일이 어색하게 느껴졌던 것도 잠시, 댓글 창을 뜨겁게 달구는 참가자들과 실시간으로 소통하는 즐거움에 시간 가는 줄 모르고 빠져들었다.

멀리 지방에 거주하는 분들께서 매달 강연 소식을 들을 때마다 직접 참여하지 못해 아쉽다는 말씀을 전해주시곤 했는데, 유튜브 라이브 방송을 통해 이런 아쉬움들을 확실히 보완할 수 있었다. 그동안 물리적인 여건이 마땅치 않아 현장 강연자리에 직접 오지 못했던 분들께서 유튜브 라이브 방송에 환호하고 때마다 적극적으로 참여해주셨다. 덕분에 전국 방방곡곡의 다양한 그림책 애호가들과 만나면서 모임의 새로운 지평을 넓혀나갈 수 있었다. 시대의 변화에 발맞춰 새로운 매체를 통해 강연을 펼쳐내면서 그동안 직접 만나지 못했던 귀한 분들과 소통할 수 있었다.

여기에서는 코로나 시대에 접어들어 온라인(특히 유튜브 라이브 방송)으로 그림책 모임 및 강연을 진행하고자 할 때 알아두면 좋은 몇 가지 노하우를 나누고자 한다.

① 진행 방식

그동안 '좋아서하는그림책연구회'의 오픈 강연에서는 한 명의 강연자가 하나의 주제를 관통하는 서너 권의 그림책을 선정하여, 90분에 걸쳐 깊이 있는 강연을 펼쳐냈다. 그러나 오프라인에서 시도했던 강연 포맷을 온라인에서 그대로 적용하기에는 매체의 특성이 너무 달랐기에, 온라인에 걸맞은 새로운 진행 방식을 강구해야 했다. 고민 끝에 온라인 매체의 특성을 고려해서 한 사람이 긴 호흡을 가지고 하나의 주제를 깊이 파고들기보다는 '그림책 토크쇼' 형식이 적절하겠다고 판단했다.

그림책 토크쇼 형식의 강연을 위해서 세 명의 운영진이 나란히 앉아서 진행하는 방법을 택했다. 하나의 주제를 가지고 세 명의 운영진이 각자 한 권씩 그림책을 가져와서 소개하고, 자신의 경험을 이야기로 풀어내어 그림책에서 통찰한 메시지와 자연스럽게 연결했다.

유튜브 라이브 방송 시간은 각 부당 20~30분씩 할애하여 총 3부로 진행했다. 전체 시간은 90분가량으로 오프라인 오픈 강연 때와 비슷하게 진행했다. 라이브 방송을 시청하는 분들이 지루하지 않도록 각 부마다 진행자를 다양한 조합으로 다채롭게 구성했다.

② 주제 선정 방법

주제를 선정할 때에도 오프라인 강연 때와 차별화를 시도했다. 그동안 '좋아서하는그림책연구회'에서 기획한 오프라인 강연의 주제들은 '그림책과 질문', '시 그림책의 맛'처럼 포괄적인 방향성을 제시하는 주제가 대부분이었다. 이와 달리 유튜브 라이브 방송을 진행할 때에는 보다 구체적이고 선명한 주제를 선정했다. 이를테면 '소울푸드 먹방 그림책'이라는 주제로 나에게 위로가 되어준 음식의 기억을 담은 그림책을 나누는가 하면, '소장 욕구 200%, 형태의 틀을 깨뜨린 그림책'이라는 주제로 독립서점과 해외에서 구매해 온 독특한 그림책 중에서 형태적 특징이 뚜렷한 그림책을 소개하여 커다란 호응을 얻기도 했다.

③ 사전 원고는 필요할까?

유튜브 라이브 방송은 녹화가 아닌 실시간으로 진행되기 때문에 강연이 마치 생물처럼 살아 움직인다. 강연자들이 미리 그림책을 선정하여 소개할 부분을 정하고 풀어낼 이야깃거리를 계획하지만, 참가자들과 실시간 댓글로 소통하는 와중에 세세한 부분은 얼마든지 유연하게 바뀔 수 있다. 실시간 댓글을 통해서 참가자들과 소통하다 보면 사전에는 생각지 못한 그림책의 장면을 살펴보거나 새로운 에피소드를 풀어낼 때가 있다. 카메라 렌즈를 바라보며 미리 계획한 내용을 전달하는 녹화 강연보다 실시간 소통을 통해 꿈틀꿈틀 변화하는 강연이 훨씬 짜릿하고 재미있다.

④ 그림책 저작권 관련 주의사항

온라인으로 그림책 강연을 진행할 때, 그림책의 저작권을 보호하기 위해 전체 장면을 무분별하게 노출하지 않도록 신경 쓸 필요가 있다. 유튜브 라이브 방송을 진행하기 전, 그림책을 선정하고 나면 언제나 미리 해당 그림책을 출간한 출판사와 소통하여 그림책의 노출 범위를 협의했다. 그렇게 협의가 이루어진 분량 안에서 그림책 페이지를 엄선하여 유튜브 라이브 방송 강연을 구성했다. 또 강연을 통해 그림책이 독자들에게 원활하게 흘러갈 수 있도록 매번 그림책 작가와 출판사, 구매처를 유튜브 영상 설명 페이지에 명시하여 참가자들이 소개받은 그림책을 직접 구매해서 읽을 수 있도록 독려했다.

부록 2

주제별 엄선 추천 그림책 목록 150권

엄마에게 선물해주고 싶은 그림책

《나 태어날 거에요!》 (고마가타 가츠미 글·그림, 박종진 옮김, 보림)

《나의 엄마》 (강경수 글·그림, 그림책공작소)

《마음 수영》 (하수정 글·그림, 웅진주니어)

《숨》 (노인경 글·그림, 문학동네)

《엄마》 (엘렌 델포르주 글, 캉탱 그레방 그림, 권지현 옮김, 밝은미래)

《엄마 왜 안 와》 (고정순 글·그림, 웅진주니어)

《엄마는 집 같아요》 (오로레 쁘띠 글·그림, 고하경 옮김, 개암나무)

《엄마와 복숭아》 (유혜율 글, 이고은 그림, 후즈갓마이테일)

《엄마의 초상화》 (유지연 글·그림, 이야기꽃)

《우리는 언제나 다시 만나》 (윤여림 글, 안녕달 그림, 위즈덤하우스)

삶과 죽음에 관한 그림책

《고양이 나무》 (오사다 히로시 글, 오하시 아유미 그림, 황진희 옮김, 꿈교출판사)

《내가 가장 슬플 때》 (마이클 로젠 글, 퀸틴 블레이크 그림, 김기택 옮김, 비룡소)

《내가 함께 있을게》 (볼프 에를브루흐 글·그림, 김경연 옮김, 웅진주니어)

《너무 울지 말아라》 (우치다 린타로 글, 다카스 가즈미 그림, 유문조 옮김, 한림출판사)

《동물들의 장례식》 (치쿠 글·그림, 고래뱃속)

《무릎딱지》 (샤를로트 문드리크 글, 올리비에 탈레크 그림, 이경혜 옮김, 한울림어린이)

《어느 늙은 산양 이야기》 (고정순 글·그림, 만만한책방)

《여행 가는 날》 (서영 글·그림, 위즈덤하우스)

《풍선 사냥꾼》 (안니켄 비에르네스 글, 마리 칸스타 욘센 그림, 손화수 옮김, 책빛)

《할아버지의 마지막 여름》 (글로리아 그라넬 글, 킴 토레스 그림, 문주선 옮김, 모래알)

나와 다른 삶을 대하는 태도에 관한 그림책

《검은 행복》 (윤미래 글, 루시 그림, 다림)

《그래서 모든 게 달라졌어요!》 (올리버 제퍼스 글·그림, 박선하 옮김, 주니어김영사)

《꼬마 거미 당당이》 (유명금 글·그림, 봄봄)

《네모의 네모의 네모》 (엘레오노르 두스피스 글·그림, 이보미 옮김, 내인생의책)

《돌 씹어 먹는 아이》 (송미경 글, 세르주 블로크 그림, 문학동네)

《인어를 믿나요?》 (제시카 러브 글·그림, 김지은 옮김, 웅진주니어)

《자로 재는 아이》 (실비아 리앙 글·그림, 이혜선 옮김, 주니어김영사)

《파란 도시》 (마르코 비알레 글·그림, 이현경 옮김, 스콜라)

《파랗고 빨갛고 투명한 나》 (황성혜 글·그림, 달그림)

《호랑이 씨 숲으로 가다》 (피터 브라운 글·그림, 서애경 옮김, 사계절)

진정한 나를 찾아가는 그림책

《the OK book》 (에이미 크루즈 로젠탈 글, 톰 리히텐헬드 그림, 하퍼콜린스칠드런북스)

《골리앗》 (시모 아바디아 글·그림, 김영아 옮김, 씨드북)

《나만의 바다》 (쿄 매클리어 글, 캐티 모리 그림, 권예리 옮김, 바다는기다란섬)

《내 멋대로 슈크림빵》 (김지안 글·그림, 웅진주니어)

《말라깽이 챔피언》 (레미 쿠르종 글·그림, 권지현 옮김, 씨드북)

《아델은 이상해》 (베랑제르 마리예 글·그림, 이보미 옮김, 그린북)

《어떤 용기》 (박세경 글·그림, 달그림)

《작은 벽돌》 (조슈아 데이비드 스타인 글, 줄리아 로스먼 그림, 정진호 옮김, 그레이트북스)

《줄리의 그림자》 (크리스티앙 브뤼엘 글, 안 보졸렉 그림, 박재연 옮김, 이마주)

《파도가 차르르》 (맷 마이어스 글·그림, 김지은 옮김, 창비)

새로운 도전의 즐거움을 담은 그림책

《거꾸로 하는 소녀 엘라 메이》 (믹 잭슨 글, 안드레아 스테그메이어 그림, 브론테살롱 옮김, 빨간콩)

《걱정 마, 꼬마 게야!》 (크리스 호튼 글·그림, 노은정 옮김, 비룡소)

《나는 날 수 있어!》 (피피쿠오 글·그림, 문혜진 옮김, 보림)

《날아라, 호랑이》 (리킨 파레크 글·그림, 김영선 옮김, 국민서관)

《아니의 호수》 (키티 크라우더 글·그림, 김영미 옮김, 논장)

《웅덩이를 건너는 가장 멋진 방법》 (수산나 이세른 글, 마리아 히론 그림, 성초림 옮김, 트리앤북)

《위대한 전투》 (안드레아 안티노리 글·그림, 홍한결 옮김, 단추)

《첨벙!》 (베로니카 카라텔로 글·그림, 하시시박 옮김, 미디어창비)

《토토와 오토바이》 (케이트 호플러 글, 사라 저코비 그림, 이순영 옮김, 북극곰)

《할머니의 비밀스러운 취미 생활》 (오하나 글·그림, 웅진주니어)

노동의 고됨과 가치에 관한 그림책

《그들은 결국 브레멘에 가지 못했다》 (루리 글·그림, 비룡소)

《들국화 고갯길》 (권정생 글, 이지연 그림, 창비)

《매미》 (손 탠 글·그림, 김경연 옮김, 풀빛)

《미장이》 (이명환 글·그림, 한솔수북)

《빈 공장의 기타 소리》 (전진경 글·그림, 창비)

《선아》 (문인혜 글·그림, 이야기꽃)

《알레나의 채소밭》 (소피 비시에르 글·그림, 김미정 옮김, 단추)

《어린 노동자와 희귀 금속 탄탈》 (앙드레 마르와 글, 쥘리엥 카스타니에 그림, 김현아 옮김, 한울림어린이)

《일과 도구》 (권윤덕 글·그림, 길벗어린이)

《후리소리》 (정정아 글·그림, 평화를품은책)

신체의 역동이 느껴지는 그림책

《간질간질》 (서현 글·그림, 사계절)

《넌 어떻게 춤을 추니?》 (티라 헤더 글·그림, 천미나 옮김, 책과콩나무)

《밥춤》 (정인하 글·그림, 고래뱃속)

《복서》 (하산 무사비 글·그림, 이승민 옮김, 고래뱃속)

《살아 있어》 (나카야마 치나츠 글, 사사메야 유키 그림, 엄혜숙 옮김, 보물상자)

《어느 우울한 날 마이클이 찾아왔다》 (전미화 글·그림, 웅진주니어)

《우리 동네 택견 사부》 (공진하 글, 이명애 그림, 창비)

《춤을 출 거예요》 (강경수 글·그림, 그림책공작소)

《팔이 긴 사람이 있었습니다》 (현민경 글·그림, 향)

《피어나다》 (장현정 글·그림, 길벗어린이)

공감으로 마음을 어루만지는 그림책

《고민 해결사 펭귄 선생님》 (강경수 글·그림, 시공주니어)

《궁디팡팡》 (이덕화 글·그림, 길벗어린이)

《내 얘기를 들어주세요》 (안 에르보 글·그림, 이경혜 옮김, 한울림어린이)

《네가 울 때에》 (홍순미 글·그림, 봄봄)

《달에서 아침을》 (이수연 글·그림, 위즈덤하우스)

《사자도 가끔은…》 (허아성 글·그림, 길벗어린이)

《쓰담쓰담》 (전금하 글·그림, 사계절)

《오소리가 우울하대요》 (하이어원 오람 글, 수잔 발리 그림, 신형건 옮김, 보물창고)

《정연우의 칼을 찾아 주세요》 (유준재 글, 이주희 그림, 문학동네)

《풀이 나다》 (한나 글·그림, 딸기책방)

식물을 기르고 가꾸는 삶에 관한 그림책

《나무가 자라는 빌딩》 (윤강미 글·그림, 창비)

《내일의 정원》 (유혜율 글, 조원희 그림, 노란상상)

《리디아의 정원》(사라 스튜어트 글, 데이비드 스몰 그림, 이복희 옮김, 시공주니어)

《메이의 정원》(안나 워커 글·그림, 김경연 옮김, JEI재능교육)

《열매 하나》(전현정 글, 이유정 그림, 파란자전거)

《우리는 당신에 대해 조금 알고 있습니다》(권정민 글·그림, 문학동네)

《정원을 가꿔요》(커스틴 브래들리 글, 에이치 그림, 이순영 옮김, 북극곰)

《정원을 만들자》(제르다 뮐러 글·그림, 이원경 옮김, 비룡소)

《초록 커튼을 심자》(루리코 글, 노구치 요코 그림, 엄혜숙 옮김, 시금치)

《콩 풋콩 콩나물》(고야 스스무 글, 나카지마 무쓰코 그림, 엄혜숙 옮김, 시금치)

타인과의 공존과 연대를 담은 그림책

《다시 빨강 책: 끝없는 여행》(바바라 리만 지음, 북극곰)

《당신은 셀 수 없이 소중해요》(크리스틴 로시프테 글·그림, 손화수 옮김, 보림)

《모든 것이 사라진 그날》(니콜라 데이비스 글, 레베카 콥 그림, 명혜권 옮김, 우리동네책공장)

《빨강 책: 우연한 만남》(바바라 리만 지음, 북극곰)

《옆집엔 누가 살까?》(카샤 데니세비치 글·그림, 이종원 옮김, 행복한그림책)

《우리가 잠든 사이에》(믹 잭슨 글, 존 브로들리 그림, 김지은 옮김, 봄볕)

《인사》(김성미 글·그림, 책읽는곰)

《작은 꽃》(김영경 글·그림, 반달)

《쿵쿵 아파트》 (전승배, 강인숙 공저, 창비)

《풀밭 뺏기 전쟁》 (바두르 오스카르손 글·그림, 권루시안 옮김, 진선아이)

뜻밖의 우연을 맞닥뜨리는 그림책

《곰이 강을 따라갔을 때》 (리처드 T. 모리스 글, 르웬 팜 그림, 이상희 옮김, 소원나무)

《끝없는 여행》 (에런 베커 지음, 웅진주니어)

《나오니까 좋다》 (김중석 글·그림, 사계절)

《당신과 함께》 (잔디어 글·그림, 정세경 옮김, 다림)

《뭐 어때!》 (사토 신 글, 돌리 그림, 오지은 옮김, 길벗어린이)

《별이 내리는 밤에》 (센주 히로시 지음, 열매하나)

《어디로 가게》 (모예진 글·그림, 문학동네)

《작은 새》 (네르마노 쥘로 글, 알베르틴 그림, 이준경 옮김, 리잼)

《참새를 따라가면》 (김규아 글·그림, 창비)

《행운을 찾아서》 (세르히오 라이를라 글, 아나 G. 라르티테기 그림, 남진희 옮김, 살림어린이)

동물과 공존하는 삶을 담은 그림책

《내 이름은 푸른점》 (쁘띠삐에 글·그림, 노란돼지)

《동물, 원》 (정혜경 글·그림, 케플러49)

《모두의 개》 (박자울 글·그림, 밝은미래)

《바다에서 고래를 만나면》 (제시카 란난 글·그림, 박소연 옮김, 달리)

《식빵 유령》 (윤지 글·그림, 웅진주니어)

《완벽한 바나바》 (테리 펜·에릭 펜·데빈 펜 글·그림, 이순영 옮김, 북극곰)

《울지 마, 동물들아!》 (오은정 글·그림, 토토북)

《63일》 (허정윤 글, 고정순 그림, 킨더랜드)

《이상한 나라의 그림 사전》 (권정민 글·그림, 문학과지성사)

《터널》 (헤게 시리 글, 마리 칸스타 욘센 그림, 이유진 옮김, 책빛)

나눔의 가치를 담은 그림책

《김치 가지러 와!》 (길상효 글, 신현정 그림, 씨드북)

《린 할머니의 복숭아나무》 (탕무니우 글·그림, 조윤진 옮김, 보림)

《마르게리트 할머니의 크리스마스》 (인디아 데자르댕 글, 파스칼 블랑셰 그림, 이정주 옮김, 시공주니어)

《뭔가 특별한 아저씨》 (진수경 글·그림, 천개의바람)

《어린 곰의 아침 식사》 (김태경 글·그림, 앤카인드)

《여우의 정원》 (카미유 가로쉬 지음, 담푸스)

《탄빵》 (이나래 글·그림, 반달)

《텅 빈 냉장고》 (가에탕 도레뮈스 글·그림, 박상은 옮김, 한솔수북)

《할머니의 식탁》 (오게 모라 글·그림, 김영선 옮김, 위즈덤하우스)

《할머니의 팡도르》 (안나마리아 고치 글, 비올레타 로피즈 그림, 정원정·박서영 공역, 오후의소묘)

다양성을 존중하는 태도에 관한 그림책

《기린은 너무해》 (조리 존 글, 레인 스미스 그림, 김경연 옮김, 미디어창비)

《나의 초록색 가족》 (토마 라바셰리 글, 김지애 옮김, 씨드북)

《내 말 좀 들어주세요》 (윤영선 글, 전금하 그림, 문학동네)

《다다다 다른 별 학교》 (윤진현 글·그림, 천개의바람)

《디스코 파티》 (프라우케 앙엘 글, 율리아 뒤르 그림, 김서정 옮김, 봄볕)

《보이거나 안 보이거나》 (요시타케 신스케 글·그림, 고향옥 옮김, 토토북)

《아나톨의 작은 냄비》 (이자벨 카리에 글·그림, 권지현 옮김, 씨드북)

《이상한 집》 (이지현 글·그림, 이야기꽃)

《쫌 이상한 사람들》 (미겔 탕코 글·그림, 정혜경 옮김, 문학동네)

《파란 아이 이안》 (이소영 글·그림, 시공주니어)

자연을 만날 수 있는 그림책

《1001마리 개미》 (요안나 제자크 글·그림, 이충호 옮김, 보림)

《강》 (마크 마틴 글·그림, 서소영 옮김, 키즈엠)

《나무처럼》 (이현주 글·그림, 책고래)

《식물 박물관》 (캐시 윌리스 글, 케이티 스콧 그림, 이한음 옮김, 비룡소)

《아기 곰의 가을 나들이》 (데지마 게이자부로 글·그림, 정근 옮김, 보림)

《아침에 창문을 열면》 (아라이 료지 글·그림, 김난주 옮김, 시공주니어)

《어쩌면 그건》 (전미화 글·그림, 문학과지성사)

《여름밤에》 (문명예 글·그림, JEI재능교육)

《월든》 (헨리 데이비드 소로 글, 지오반니 만나 그림, 정회성 옮김, 길벗어린이)

《이름을 알고 싶어》 (M. B. 고프스타인 글·그림, 이수지 옮김, 미디어창비)

어른을 위한 그림책 에세이
좋아서 읽습니다, 그림책

초판 1쇄 발행 2020년 12월 29일
초판 3쇄 발행 2021년 12월 24일

지은이 이현아 김다혜 김미주 김설아 김여진 김지민 우서희 이한샘 조시온
펴낸이 민혜영
펴낸곳 (주)카시오페아 출판사
주소 서울시 마포구 월드컵로 14길 56, 2층
전화 02-303-5580 | **팩스** 02-2179-8768
홈페이지 www.cassiopeiabook.com | **전자우편** editor@cassiopeiabook.com
출판등록 2012년 12월 27일 제2014-000277호
편집 최유진, 진다영, 공하연 | **디자인** 이성희, 최예슬
마케팅 허경아, 김철, 홍수연, 변승주

ISBN 979-11-90776-35-6 (03810)

이 도서의 국립중앙도서관 출판시도서목록 CIP는 서지정보유통지원시스템 홈페이지(http://seoji.nl.go.kr)와 국가자료공동목록시스템(http://www.nl.go.kr/kolisnet)에서 이용하실 수 있습니다.
CIP제어번호: 2020051965

이 책은 저작권법에 따라 보호받는 저작물이므로 무단 전재와 무단 복제를 금지하며, 이 책의 전부 또는 일부를 이용하려면 반드시 저작권자와 (주)카시오페아 출판사의 서면 동의를 받아야 합니다.

· 잘못된 책은 구입한 곳에서 바꾸어 드립니다.
· 책값은 뒤표지에 있습니다.